Comment matérialiser ce que vous voulez
avec le
Fxxxxxx Puissance

Comment matérialiser ce que vous désirez avec le Fxxxxxx power

John Danen

Published by John Danen, 2024.

While every precaution has been taken in the preparation of this book, the publisher assumes no responsibility for errors or omissions, or for damages resulting from the use of the information contained herein.

COMMENT MATÉRIALISER CE QUE VOUS DÉSIREZ AVEC LE FXXXXXX POWER

First edition. March 10, 2024.

ISBN: 979-8224563036

Written by John Danen.

Table des Matières

Contact.

Si vous souhaitez m'interroger, me poser des questions, ou recevoir des conseils sur la séduction, je vous propose ce service de coach en séduction. Je propose également des formations. Vous pouvez me contacter via ces liens.

Liens :

John Danen Dark seduction - [1]YouTube

TikTok par johndanen (@johndanen) | Voir les dernières vidéos de johndanen sur [2]TikTok

John Danen Dark seduction | [3]Facebook

John Danen Dark seduction (@dark_seduccion) - Photos et vidéos [4]Instagram

Groupe Telegram Dark seduction, rejoignez-le en cliquant ici https://t.me/+bPZmHRDJz9gxYTA0

---

1.   https://www.youtube.com/channel/UCUOsfiulxHrzWkdjkx6scJg

2.   https://www.tiktok.com/@johndanen

3.   https://www.facebook.com/0Dark000000

4.   https://www.instagram.com/dark_seduccion/

Préface de Dark Monk.

Il faut se rendre à l'évidence : beaucoup d'hommes parlent de séduction, et l'internet en est rempli. La question est de savoir si ce qu'ils disent fonctionne vraiment.

Beaucoup disent - faites ceci, faites cela - mais ce sont des choses ambiguës qu'ils ne savent même pas comment expliquer correctement, car ils ne sont même pas au clair sur la théorie.

Avec ce livre, vous apprendrez à exploiter votre putain de pouvoir, à faire ressortir la meilleure version de vous-même. Pour ce faire, vous devrez travailler sur votre jeu intérieur, ce qui permettra à vos actions d'être réelles, pas fausses, mais d'agir et de vous sentir réellement comme un homme puissant, digne de tout le bien qui vous entoure, un homme capable de conquérir et de draguer n'importe quelle fille, ou d'atteindre n'importe quel objectif que vous vous fixez. John Danen vous aidera à devenir la meilleure version de vous-même, en vous guidant pas à pas à l'aide d'exemples pratiques et faciles à comprendre.

Je vous invite à changer votre vie. Je parle d'expérience personnelle, j'ai simplement mis en pratique ce que JD m'a expliqué. Ces conseils m'ont aidé à sortir de ma zone de confort et à adopter un état d'esprit plus puissant. Je suis devenu un homme avec une vision claire de ce qu'il veut accomplir dans la vie. Aujourd'hui, je suis devenu celui que je veux être et je continue à travailler et à peaufiner la meilleure version de moi-même pour aller toujours plus loin. Je suis sa philosophie de vie, qui est maintenant aussi la mienne.

Cela dit, qui est vraiment un Dark séducteur ?

Pour être un séducteur Dark, il faut avoir de l'expérience. Un jeune homme ne peut tout simplement pas être un éducateur sexuel parce qu'il n'a pas l'expérience nécessaire. Oui, nous sommes en passe de le devenir, mais nous n'avons pas encore accumulé cette série de réalisations qui nous manquent.

Voici John Danen, un éducateur sexuel complet, avec l'expérience et les réalisations nécessaires. Un homme avec un jeu intérieur et une mentalité bien définis. Un homme qui sait clairement qu'il est une charmante canaille. John ne raconte pas de conneries, il va droit au but. Un homme qui a inventé la méthode JD, une méthode qui simplifie le processus que vous devez suivre, le faisant passer de mécanique à facile à comprendre et simple.

Il n'est pas possible de réfléchir à des concepts et de les relier entre eux. Mais avec la méthode JD, vous n'avez pas besoin de réfléchir du tout, tout se fait en douceur. Le jeu intérieur est l'une des deux parties de la méthode, qui est expliquée et développée dans ce livre.

Ce livre "Fucking power" vous aidera à travailler sur la partie la plus importante, votre tête. Vous ne pouvez pas devenir un séducteur sombre si vous ne pensez pas et ne vous sentez pas comme un séducteur sombre.

Je vous invite à faire partie de ce 0,1 % d'hommes différents, puissants, confiants et sûrs d'eux. Avec ce livre, vous faites un grand pas. Bienvenue frère dans l'ordre de Dark Seduction.

Moine noir

Introduction.

Bonjour ami(e) où que tu sois. J'écris ce livre parce que c'est un moyen de communiquer avec toi à travers l'espace-temps. Je l'écris en 2023, mais tu pourras le lire en 2129 et je suis sûr que tout ce que je te dis ici sera encore totalement valable. Ce sont des choses immuables dans les relations humaines. Et dans mille ans, elles le seront encore.

Je sais que les gens souffrent, mais ce qu'ils veulent le plus, c'est profiter des femmes, ou du moins ne pas souffrir pour elles. J'ai une bonne et une mauvaise nouvelle, la mauvaise c'est que l'on souffre toujours, même si ce n'est qu'un peu, si vous ne voulez pas souffrir, n'interagissez pas. La bonne nouvelle, c'est que si vous assimilez bien ce livre, vous en profiterez bien plus que vous n'en souffrirez, ce qui, je pense, est très bon pour vous.

Ce livre est du plus haut niveau, il ne convient que si vous connaissez déjà tout ce qui précède, ici je vais expliquer le plus mystique de tous, la véritable source de notre pouvoir, un pouvoir céleste. Si vous voulez apprendre à séduire, ce n'est pas votre livre. C'est un livre mystique, le livre des initiés, le livre de l'Ordre Noir.

Au fil des décennies d'interactions et du temps qui passe, vous commencez à comprendre comment fonctionnent les relations humaines et à utiliser ces informations à votre avantage.

Ici, je vais vous apprendre à utiliser une grande force que nous possédons tous et qu'il suffit de réveiller, "the fucking power". En le maîtrisant vous pourrez matérialiser des filles, des richesses, augmenter votre estime de soi, votre pouvoir de séduction, votre charisme. Avant de vous expliquer comment maîtriser le fucking power, je vais vous parler de beaucoup d'autres choses qui vous seront utiles :

- Faites-vous respecter.
- Utilisez votre temps à bon escient, sans le gaspiller en futilités.
- Être productif et efficace.
- Flirtez comme un acteur hollywoodien sans en être un.

Ce que je propose est ambitieux. Je vous donne les lignes directrices, vous fournissez la foi, l'enthousiasme, le travail et la discipline. Si nous nous y prenons bien tous les deux, je suis sûr que vous vous améliorerez beaucoup dans ce sur quoi vous vous concentrez.

Ce n'est pas un livre pour flirter, c'est pour cela et pour votre développement personnel, en fait, je ne parlerai que peu du flirt, le fucking power c'est plus que du flirt.

S'engager à apprendre et à mettre en pratique ces enseignements ; si l'engagement est fort, il y aura des résultats.

J'ai moi-même fait tout ce que j'ai mentionné, j'ai flirté en masse comme une rockstar dans une fête folle, j'ai atteint l'indépendance financière, j'ai réussi à m'amuser et à avoir du temps pour moi. Oui, nous le pouvons. Oui, nous le pouvons.

Vous oublierez qui vous étiez, ce que vous avez souffert, ce qu'était votre vie. Dès maintenant, votre nouvelle vie commence avec la main du putain de pouvoir. Vous allez devenir qui vous voulez être. Tel est mon objectif. Vous apprendrez des concepts qui vous aideront dans votre vie et dans la séduction. Vous serez bien conscient du bon et du mauvais, et vous saurez ce qu'il faut éliminer et ce qu'il faut acquérir dans votre vie. Enfin, vous développerez le pouvoir de baiser.

Ce livre est divisé en sept parties :

- Des personnages et des choses dont nous devons nous différencier ou nous séparer.
- Personnages à imiter.

- Les vérités de la vie.
- Articles recommandés.
- Développer une putain de puissance.
- Sur le terrain.
- Le mysticisme.

Il s'agit ni plus ni moins que de matérialiser ses désirs dans ce monde. Un grand projet. Ne me décevez pas et ne vous décevez pas, ce n'est pas un livre, c'est un plan, un mode de vie, c'est votre plan.

Maîtriser le putain de pouvoir, c'est avoir le pouvoir de matérialiser tout ce que l'on désire.

Des personnages et des choses dont nous devons nous différencier, ou nous mettre à l'écart.

Chevaliers médiévaux.

Pour l'amour de Dieu, ces imbéciles ont consacré toute leur vie à la pire chose qui soit, à savoir l'idéalisation des femmes. Et à un degré spectaculaire. Plus ils étaient serviles, plus ils étaient satisfaits. Ils ont mis les femmes au niveau d'une déesse qui, pour eux, était tout simplement inaccessible. Beaucoup n'essayaient même pas, ils se contentaient de la louer et de se battre avec tous ceux qui n'obéissaient pas à leur bien-aimée. Ils étaient rarement capables de la transformer en amante, elle restait une bien-aimée idéalisée dont ils ne se considéraient même pas dignes.

Comme si cela ne suffisait pas, il y avait aussi les troubadours qui diffusaient des poèmes et des chansons à travers les pays pour louer au maximum ces dames. Les chevaliers mouraient pour la plupart vierges, purs et chastes, car ils se réservaient pour leur bien-aimée qui, dans 90% des cas, ne leur correspondait pas, car elle était d'une classe sociale plus élevée. Les troubadours, je pense, étaient un peu moins bêtes, car ils n'étaient pas les vrais amants, ils chantaient simplement pour gagner leur vie, et ils ont probablement baisé quelques courtisanes. Les chevaliers ont peut-être baisé d'autres femmes, ce dont je doute fort, s'ils ont baisé, ils l'ont fait avec quelques-unes qu'ils n'aimaient pas. Quoi qu'il en soit, c'est au moins mieux que de mourir vierge, mais cela montre aussi leur grand échec. Ces connards ont inventé la galanterie et l'exaltation des femmes à des niveaux ridicules.

Pour votre gouverne, toute cette histoire de galanterie vient des vierges médiévales et des troubadours qui chantaient leurs sornettes.

Avec leur harpe et leur luth, ils chantaient la beauté d'une femme et la vénéraient comme si elle était une déesse. Bien sûr, ils ne savaient pas grand-chose de la séduction.

Les femmes de 24 ans.

Un soir, je suis sorti avec de nouvelles personnes, je devais avoir environ 38 ans à l'époque, j'étais jeune mais plus si jeune que ça. Le fait est que mon ami m'a dit qu'il avait un rendez-vous avec des filles de 24 ans, et j'étais très heureux et j'y suis allé.

C'était une soirée horrible, parce que ces filles que j'imaginais si jolies et si jeunes étaient laides, et pire encore, super ennuyeuses. En plus, elles sont venues avec leur petit ami. Ces couples étaient la chose la plus ennuyeuse et la plus ennuyeuse que j'ai jamais vue. Ils étaient fatigués, ils voulaient aller dans des endroits où ils pouvaient s'asseoir, pas de fête, pas de danse, ils étaient endormis, pitoyables ! Bref, c'était une bande d'ordures, et moi, qui étais beaucoup plus âgée qu'eux, j'étais plus amusante, plus vivante et plus jeune. Je suis repartie horrifiée et j'ai appris que la jeunesse n'est pas dans l'âge, mais dans l'esprit. J'ai vu des femmes de 70 ans beaucoup plus jeunes que ces personnes.

Ainsi :

1) Trouvez vos propres filles, ne comptez pas sur ce que les autres vous apportent.

2) Ne sortez pas avec des personnes que vous ne connaissez pas bien, car elles pourraient être tout aussi mauvaises que ces personnes, voire pire.

3) Si vous vous faites arnaquer en amenant des gens comme ces filles, qui étaient non seulement ennuyeuses, mais aussi accompagnées de leurs petits amis encore plus ennuyeux, vous vous débrouillez tout seul. Vous n'avez jamais besoin d'être poli et de faire des choses que vous

n'avez pas envie de faire, comme traîner avec des personnages comme ça.

En plus, l'ami qui était le seul à avoir été validé par moi pour sortir, n'est pas venu à la dernière minute et m'a laissé cette photo.

Quand je l'ai vu le lendemain, je lui ai dit.

Comment as-tu pu me laisser seule avec ces **femmes de** 24 ans ?

Après cela, je ne suis plus jamais allé le voir à cause d'un tel grief.

Il y a des fêtardes de 57 ans, des folles et même des baiseuses, qui ne sont pas mal pour leur âge, et qui dans leur jeunesse étaient 1000 fois mieux que les jeunes femmes de leur époque, et il y a aussi des femmes de 24 ans qui ont la mentalité de 92 ans et qui ont déjà l'air vieilles et finies pour tout.

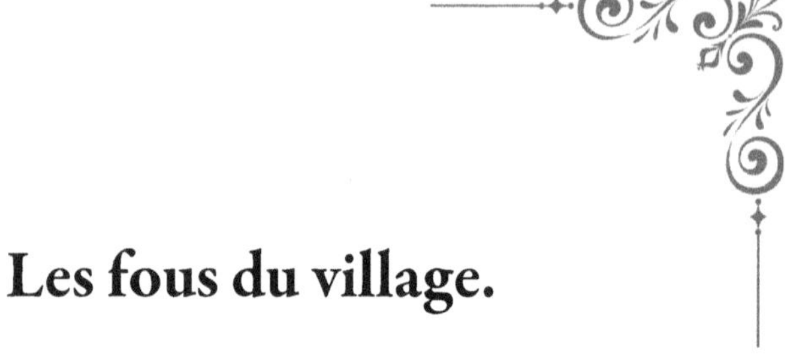

Les fous du village.

L'idiot du village est ce pauvre fou innocent au cœur tendre qui les loue, les aime et les estime.

Ces idiots de village, car il n'y en a pas qu'un, il y en a plusieurs, se caractérisent par une très faible expérience sexuelle et amoureuse, ils se caractérisent aussi par le fait qu'ils tombent bêtement amoureux de filles qui ne leur correspondent pas et qui vont jusqu'à les humilier. Sans aucun respect de soi, ils vont les chercher en mendiant. Ce sont de pauvres bougres qui mènent une vie misérable, et même l'argent ne leur permet pas d'obtenir une fille. Ils n'ont pas d'argent non plus, mais s'ils en avaient, ce serait encore pire, car de mauvaises femmes leur apparaîtraient, qui ne les accompagneraient que pour l'argent, les mépriseraient profondément et les traiteraient terriblement.

La gentillesse se paie au prix fort. Ces personnages, continuateurs des chevaliers médiévaux, sont les défenseurs de la formalité, c'est comme ça que ça se passe ! Beaucoup d'entre eux deviennent féministes pour voir s'ils peuvent obtenir, en respectant toutes leurs conneries, de baiser l'un d'entre eux. Mais ce n'est pas le cas. Ces hommes tombent dans une profonde dépression et beaucoup se suicident.

D'autres s'en accommodent, se résignent et se retrouvent avec une estime de soi en lambeaux, se sentant malheureux au plus haut point.

Certains, comme je l'ai dit, deviennent féministes et qualifient ce que vous faites de machisme, appréciant la vie et les femmes. Même s'ils voient ce qu'il faut faire, leur esprit ne l'accepte pas et ils continuent à flatter les filles, à les complimenter, à leur offrir des cadeaux, des faveurs, à parler d'elles en termes élogieux, bref, à être leurs serviteurs. C'est auprès d'eux qu'elles se réfugient lorsqu'elles sont en difficulté. Elles les voient comme des filles, innocentes, bonnes. En général, elles les voient comme elles disent vouloir des hommes, car elles disent vouloir qu'ils soient attentifs, romantiques, chevaleresques... Et ils le sont ! Ils sont tout ce qu'elles demandent et plus encore, alors pourquoi ne vont-elles pas avec eux, pourquoi sont-elles seules, pourquoi sont-elles reniées, pourquoi n'obtiennent-elles d'elle que le récit de ses déboires amoureux avec un méchant proxénète ?

Je vais vous le dire. Parce qu'une chose est ce qu'ils disent vouloir, et une autre est ce qu'ils veulent vraiment.

Ce qu'elles disent vouloir, c'est ce qu'elles pensent rationnellement, totalement influencées par la société, les romans d'amour et le romantisme qui leur est inculqué chaque jour et partout. Alors qu'à l'intérieur, elles désirent, et désireront toute leur putain de vie, le mauvais garçon qui les fait souffrir un peu.

Mais revenons à l'idiot du village. La seule fille qu'il rencontre est sa mère. Sa mère doit le supporter jusqu'à ce qu'il ait 50 ans à la maison, parce qu'il est tellement coincé dans ses habitudes qu'il ne peut pas s'éloigner d'elle à cause de ses échecs infinis avec toutes les autres.

Les idiots du village dérangent leurs parents, qui se rendent compte que peu de filles, voire aucune, ne leur présenteront leurs fils comme épouses. Cependant, la première qui s'intéresse à eux se marie très tôt, prétendant s'assurer la fille, ou la dame, en l'épousant. Il est normal, pour une fille qu'ils choisissent, que cela dure au moins un an.

Ils vivent dans la pénurie. Comme ils n'ont rien, ils les valorisent de plus en plus, car ce qui est rare est valorisé.

Autrefois, quand j'avais 25 ou 30 ans, je les détestais, parce qu'ils ne faisaient rien d'autre que de m'attaquer par envie, mais maintenant je les plains vraiment, parce que leur punition a été si monstrueuse et cruelle que j'ai vraiment pitié d'eux. Ils ne disent plus rien parce qu'ils sont soit morts, soit fous, soit en dépression, soit dans des institutions psychiatriques.

La vie les punit sans pitié, ce sont eux qui devraient flirter et être heureux avec les filles, parce qu'ils sont les bons, mais c'est la putain de réalité, plus dure que la pire des imaginations, et à cause de problèmes génétiques ancestraux, ils préfèrent l'autre, le mauvais séduisant. Ces hommes ont été rayés de la carte de la séduction. Seuls les méchants, ou quelques-uns d'entre eux, ceux qui sont bons mais respectés, survivent.

Elles adorent le charmeur, l'amuseur et la canaille. La joie et l'amusement sont d'autres qualités qui manquent à ces cancres et qui font rire et s'amuser les filles. Ils sont ennuyeux, oui, et cela a un prix encore plus élevé que leur bonté.

Si vous voyez un idiot du village, ne le mortifiez pas en lui racontant vos succès, inventez-lui des malheurs d'amour pour qu'il se sente mieux, ne le punissez pas, c'est un sujet pitoyable. Même s'il dit du mal de vous, ou vous agresse, pardonnez-lui, car c'est le fruit de sa frustration, de sa vie de merde. Une bonne action. Au début, nous étions presque tous comme ça, dans une certaine mesure.

Les pauvres, ils ont déjà bien assez à faire.

De plus, ils ne sont pas laissés à zéro, puisqu'ils ont toujours au moins deux femmes, leur mère et la mort.

Les aigris, les envieux et autres racailles.

Ce type est différent. Il appartient peut-être au groupe des idiots du village, mais ce n'est pas toujours le cas. Les idiots du village ont déjà été tellement punis qu'ils n'attaquent que lorsqu'ils se sentent bien, et comme cela ne dure qu'un temps, leur agressivité finit par s'estomper et ils deviennent plus dociles et plus gentils. Normalement, la personne amère et envieuse est un type assez normal. Ce qui lui arrive, c'est qu'il voudrait être comme vous et qu'il ne le peut pas, alors il attaque et critique.

Parfois, l'envieux est un séducteur raté et frustré, un séducteur très médiocre et peu moral, un séducteur de pacotille, un apprenti qui n'a jamais décollé, ou un type qui n'arrive pas à aller où il veut. Il rejette sa frustration sur vous. Tu ne dois jamais le laisser faire. C'est pour cela qu'il faut aller avec des collègues de votre niveau, si vous allez avec des gens qui sont beaucoup moins performants que vous, ils vont finir par vous envier et vous critiquer.

Cette attitude est dangereuse et préjudiciable et peut conduire à une confrontation brutale, voire pire, si vous n'avez pas la patience de l'empêcher de vous atteindre. Vous devez les voir comme si vous étiez le lion et qu'ils n'étaient qu'un chat ennuyeux. Le lion n'a pas besoin de les attaquer, vous ne pouvez pas vous mettre à leur niveau. Si vous les attaquez, vous tuez leur estime de soi déjà faible et ils tombent dans la dépression. Vous les effrayez et cela suffit.

Donc, si vous n'avez personne à votre niveau, sortez seul. Il n'est pas bon non plus de sortir avec des personnes d'un niveau beaucoup plus élevé, car même si vous apprendrez beaucoup, elles remporteront la plupart des victoires, ce qui créera des tensions et même une baisse de l'estime de soi. Allez avec ceux qui sont un peu meilleurs ou un peu moins bons.

Combinez un sentiment d'infériorité à un comportement de con, et ces personnes frustrées vous attaqueront même si vous êtes gentil avec elles.

Cela ne vous affecte pas, votre pouvoir est bien au-delà de leur portée. Laissez-les être, dans quelques années vous les verrez regretter leur bassesse, avec des copines horribles, ou tristes, et à coup sûr avec une vie de merde et vous aurez pitié d'eux aussi.

Les insupportables.

Elles sont innocentes du mal qu'elles font parce qu'elles sont programmées ainsi. Même si elles sont horribles, même si elles sont méchantes, ce n'est pas vraiment leur faute. Qui sont ces filles ?

- Ceux qui vous critiquent.
- Les prudes.
- Les formels.
- Les plus méchants et les plus grossiers.
- Les méprisants.
- Les plus exigeants.
- Celles qui se prennent pour des divas.
- Les prétentieux.
- Et bien d'autres encore, toutes celles qui figurent dans le livre "Complicated Girls".

Qu'en faire ?

Eloignez-vous, mais s'il est trop tard, vous avez deux options : être l'idiot du village et supporter toutes leurs exigences, ou appliquer la "Dark seduction". Je recommande de s'éloigner en suivant la lumière, un problème qui disparaît, mais s'ils vous ont vraiment maltraité et ennuyé, alors vous pouvez leur donner la punition qu'ils méritent avec la séduction sombre. Tout cela est expliqué dans le livre "Dark seduction".

Ils détournent l'attention et sont désagréables à supporter. Ne les prenez pas tous, car même s'ils sont bons, ils ne sont pas rentables. Parfois, ils sont insupportables. Elles sont destinées à la concurrence, mais pas à la concurrence normale, plutôt à vos pires ennemis. L'un des concurrents tombe ici et vous enlève votre confiance, vous submerge et vous perdez une bonne partie de vos qualités de séduction, ils vous annulent. Ils sont pires que n'importe quel rival, et il doit être un très mauvais homme pour vous faire cela, pour lui en présenter un comme ça.

Celui qui n'a aucune idée de la séduction va draguer tous ceux qui savent sélectionner, parce que ce sont de très gros problèmes, et encore plus à notre époque. C'est une époque où le flirt est une activité risquée, car s'il y a le moindre problème avec l'une d'entre elles, elle peut vous dénoncer et la loi la croira, violant ainsi votre présomption d'innocence. Donc, si elle dit que vous la harcelez, ou pire, même si c'est une invention de sa part, vous allez en prison préventivement, et toute la société la croit et vous stigmatise. Ils la croient parce qu'elle est une femme, une personne jouissant d'énormes privilèges. Nous, les hommes, sommes des citoyens de seconde zone, avec moins de droits, nous sommes entre leurs mains et si l'une d'entre elles, par méchanceté ou par pure malveillance, invente quelque chose, vous serez bel et bien foutu. C'est ce que le féminisme et le progressisme nous ont apporté, l'esclavage. Oui, l'esclavage, comme le disait le réplicant dans Blade Runner, "Vivre dans la peur, c'est ce que signifie être un esclave". Et vous vivez dans la peur, parce que même si vous êtes une personne formidable, vous vous exposez à ces choses. C'est pourquoi, aujourd'hui plus que jamais, les travailleurs du sexe sont des héros qui risquent les injustices que cette société bien pensante, inclusive et féministe nous a apportées.

Les mauvaises femmes ne sont pas du tout commodes, avec ces femmes c'est un plus grand succès de les éliminer de votre vie que de les avoir avec vous, parce qu'elles rendent votre vie amère. C'est pourquoi, dans ces cas-là, et aussi dans les cas où d'autres femmes plus gentilles deviennent trop lourdes, je dis toujours qu'"il vaut mieux s'en débarrasser que de les acquérir".

Je sais que c'est difficile et qu'elles sont parfois très belles, c'est le mérite de la chose. Pendant que d'autres les poursuivent, vous les rejetez.

Chansons et films romantiques.

C'est la clé de tout. Des chevaliers médiévaux, inventeurs de la galanterie, on est passé aux romantiques du XIXe siècle, qui sont revenus à l'éloge de la femme, et de là aux romans à l'eau de rose, aux films et aux chansons romantiques.

Ce qui a été transmis, c'est la galanterie, le fait de mettre les femmes sur un piédestal.

On vous a tellement inculqué la galanterie, mais tellement, que vous avez cru que vous étiez comme ça. Ils ont programmé votre esprit pour que vous soyez : faible, amoureux, formel, romantique, fidèle et serviable.

C'est votre programmation sociale, ce que vous avez reçu depuis votre naissance. C'est pourquoi il n'est pas facile d'être un séducteur. Il faut d'abord se déprogrammer de toutes ces idées qu'on vous a inculquées et que vous pensez être les vôtres.

Aujourd'hui, avec des femmes qui ne sont plus romantiques, mais parfois agressives, des femmes qui veulent ressembler aux hommes de l'Occident, tout cela est encore plus ridicule.

Aujourd'hui, il y a trois types de femmes : celles qui veulent perpétuer le romantisme et exigent d'être invitées et traitées avec attention ; celles qui sont modernes, qui veulent prendre l'initiative dans de nombreux domaines et sont agréables ; et celles qui embrassent le féminisme, qui n'est pas égalitaire, c'est le féminisme, et qui nous mettent encore plus à genoux qu'avant.

Les romantiques de la vieille école et les radicalisés modernes sont à la fois dangereux et de véritables pièges.

Heureusement, la majorité des femmes ne sont ni des romantiques ridicules ni des radicales, et c'est à elles que nous devons nous consacrer.

Mais regardons quelques paroles de chansons pour voir à quel point nous sommes manipulés,

Sans toi, je ne suis rien selon Amaral.

"Sans toi je ne suis rien, une goutte de pluie qui mouille mon visage

Mon monde est petit

Et mon cœur est fait de petits morceaux de glace

J'avais l'habitude de penser que l'amour n'est pas réel

Une illusion qui finit toujours

Maintenant, sans toi je ne suis rien"

Et bien, c'est parce que c'est une femme, elles sont programmées autant ou plus que nous et se prennent pour des petites princesses de contes de fées. La pauvre femme est tellement amoureuse qu'elle n'est rien sans lui, tant d'amour-propre !

Un autre texte de José Luis Perales.

"Chaque fois

que je t'embrasse, ça n'a aucun goût

Chaque fois que je te serre dans mes bras, je deviens fou

Et chaque fois que je te regarde,

chaque fois je trouve une raison de

continuer à vivre".

Le pauvre homme n'est plus en vie, quelle souffrance !

C'est ce qui est prôné, le romantisme à outrance.

Les histoires pour enfants telles que "Cendrillon", qui cherche son prince, ou "Blanche-Neige", qui était la plus belle, sont également très endoctrinantes. Les femmes sont contraintes de jouer certains rôles, comme être toujours belles, rechercher l'amour romantique et le grand chevalier.

Ensuite, ces filles ne trouvent pas ce gentil garçon, elles trouvent l'alcoolique, le joueur, le joueur, le joueur, le joueur, le joueur, l'homme du joueur, le fêtard, le fêtard, le coureur de jupons ou le supporter de football qui ne leur prête pas trop d'attention. Ils jouent avec la tête des hommes et des femmes et les deux finissent par être déçus. Le romantisme ne fonctionne pas, ceux qui l'utilisent échouent et ceux qui le poursuivent rejettent ceux qui le pratiquent. En fin de compte, tout revient à son cours naturel et les dragueurs se tournent vers des filles amusantes et gentilles. Les filles romantiques avec leurs exigences sont exclues, car personne ne les satisfait, et celles qui les satisfont ne les aiment pas.

Un léger féminisme permet aux femmes pauvres d'arrêter de courir après le prince charmant.

Nous avons tous été programmés. Évitez les femmes très programmées.

Le garçon de cérémonie.

Une fois de plus, je demande à cet homme de faire preuve de retenue et de compréhension. La soumission du garçon de cérémonie à la femme n'est pas aussi prononcée que dans le cas de l'idiot du village, mais il y a aussi quelque chose de cette soumission, et c'est très préjudiciable pour lui.

Ce type n'aspire qu'à trouver une bonne femme et à l'épouser. C'est ce qu'il a programmé dans sa tête, et il se trouve qu'il n'a pas d'autre ambition que celle-là.

S'il ne se marie pas, il se sent en échec. Il semble que ce soit sa seule fonction : se stabiliser et élever une famille. C'est très bien, il faut bien que quelqu'un le fasse, bien sûr. Ce mariage ne fonctionne presque jamais, mais il persévère et persévère, s'engageant dans un mariage après l'autre jusqu'à ce que l'un d'entre eux fonctionne à moitié. C'est à peu près tout.

Si l'on fait abstraction de son travail, de sa famille et de ses loisirs, en matière de séduction, c'est le vide intersidéral, le néant. Ce sont des sujets qui ne l'intéressent pas et même si cela l'aiderait beaucoup de les connaître, il les rejette justement à cause de cette formalité qui est gravée dans son cœur. Rien de plus à dire, si le formel ne critique pas ou ne fait pas de mal aux séducteurs, alors c'est bien. Moins de concurrence. Il fait son truc et nous le nôtre.

Les petites filles.

Je sais comment elles sont, je le sais parfaitement, je les ai toutes subies, alors écoutez-moi et épargnez-vous des ennuis. Vous reconnaîtrez une fille à certains comportements qui la trahissent.

Si vous ne répondez pas rapidement à leurs messages, ils se fâchent, si vous ne leur parlez pas tous les jours, ils disent qu'ils ne vous intéressent pas et ils peuvent même vous tromper avec l'un d'entre eux par dépit.

Ils sont très jaloux et tout ce qui les dérange les rendra très méchants avec vous et ils cesseront de vous parler pendant quelques jours, pour revenir plus tard se plaindre amèrement et exiger plus d'engagement de votre part.

Elles exigent trop, elles exigent un amour qui ne compte pas, parce que c'est trop tôt et que tout va trop vite. Elles disent qu'elles vous ont trouvé, que vous êtes l'homme de leur vie, elles vous bombardent de messages et de vidéos idiotes. Elles demandent une attention constante, elles sont comme des bébés qui ne peuvent pas être seuls, elles veulent aussi savoir ce que vous faites tout le temps. Et c'est ce qu'il y a de plus horrible avec les petites filles, au minimum si vous ne suivez pas leur béguin et si vous ne vous montrez pas tel que vous êtes, plus froid et moins stupide qu'elles, elles pleureront ou feront un scandale parce que vous ne les aimez pas comme elles vous aiment.

Mais voyons, certaines de ces filles, vous ne les connaissez même pas en personne, elles sont amoureuses sur internet. C'est une vraie galère, car sans même les avoir vues, elles subissent déjà toutes les exigences d'une petite amie, et même les plus lourdes, sans en avoir bénéficié. Ces femmes sont dans un très mauvais état émotionnel et tournent leur amour vers n'importe quel inconnu parce qu'elles se sentent très seules et tristes.

Ils vous enverront des vidéos dans lesquelles ils pleureront pour vous, pour votre manque d'implication avec eux. D'autres jours, ils seront heureux et enverront des vidéos dans lesquelles ils riront, vous enverront des baisers ou vous déclareront leur amour.

Ils aiment aussi faire des grimaces, des moues et des blagues.

Pauvres filles, elles ne savent plus où donner de la tête et se sentent très seules. Si vous tombez sur une fille comme ça, exigeante, accaparante, qui vous considère déjà comme son petit ami officiel sans vous avoir vu en personne, alors vous êtes tombé dans le piège d'une pauvre fille immature. La meilleure chose à faire est de la quitter sans tenter quoi que ce soit d'amoureux-sexuel avec elle, car si elle est déjà comme ça sans rien faire, que se passerait-il si tu couchais avec elle ? Elle deviendrait folle et te rendrait fou, et si tu ne l'écoutais pas, alors elle te détesterait à mort et elle pourrait créer tous les problèmes que les mauvaises femmes créent : dire que tu l'as harcelée, ou que tu l'as violée, et dans ces moments-là, nous serions foutus.

Ces pauvres femmes posent tellement de problèmes que cela n'en vaut pas la peine. Elles peuvent vous agresser, vous jeter des objets, vous planter des couteaux ou tenter de se suicider parce que vous ne les aimez pas.

Toute cette mise en scène est dans leur tête, dans leur ridicule engouement. Si vous les aviez trompées et beaucoup menti, si vous leur aviez donné des illusions et les aviez énormément déçues, alors elles ne seraient pas des petites filles, vous seriez un type malveillant et elles auraient raison de se plaindre. C'est de cela que je parle ici, de filles immatures, folles et dangereuses, qui vous obsèdent, vous harcèlent elles-mêmes.

Oui, ils harcèlent aussi, mais personne ne le signale. J'ai reçu des appels à toute heure, exigeant parfois que vous couchiez avec eux à ce putain de moment, que vous jouissiez à l'intérieur sans préservatif, qu'ils veuillent tomber enceinte de vous, qu'ils vous invitent à faire n'importe quoi pour que vous soyez avec eux, qu'ils vous proposent constamment des rapports sexuels. Un harcèlement ennuyeux, et si elles n'obtiennent pas ce qu'elles veulent, elles se sentent rejetées et s'attirent des ennuis. De nombreuses femmes que vous avez écartées sont encore là à vous harceler. Il est très difficile d'être une travailleuse du sexe. Ces harceleurs bafoués sont aussi des enfants.

Nous ne sommes pas là pour subir les délires de ces harceleurs immatures, en mal d'amour ou méprisants, et nous ne nous exposons pas aux énormes problèmes qu'ils entraînent en baisant une fille à moitié folle ou directement très déséquilibrée.

Calibrez les problèmes qu'il pourrait vous poser et multipliez-les par 3, c'est ce qui se passera réellement.

Vous ne pouvez pas vous débarrasser de tous ou d'un grand nombre d'entre eux, vous devrez en choisir certains, les écarter dans les cas où vous voyez que cela ne vaut pas la peine de faire un effort parce qu'ils sont trop pudibonds, ou lorsque vous prévoyez qu'ils pourraient causer de gros problèmes.

Si le flirt est difficile parce qu'il exige beaucoup de dévouement et de sacrifices, il est encore plus difficile de se débarrasser, d'avoir une personne avec laquelle nous pourrions flirter et de ne pas flirter avec elle à cause de tout cela, c'est très difficile. Si nous nous en débarrassons en masse, nous ne pourrons rien ramasser non plus, donc s'ils ne sont pas très problématiques, nous devrons prendre un risque, être un héros, les ramasser et en sortir indemnes. Si nous attendons qu'ils se présentent avec tout ce qu'il faut, nous en ramasserons une poignée au cours de notre vie et c'est tout. Alors, oui, folle ou pas, nous flirterons, nous serons courageux, sauf dans les cas où il est évident que c'est une fille à problèmes.

Se débarrasser, c'est en avoir un que l'on peut relier et que l'on ne relie pas par notre volonté, parce que l'on ne voit pas qu'il nous apporte un quelconque avantage, mais plutôt beaucoup de problèmes.

Éliminer, c'est quitter celui avec lequel on est, qui a déjà baissé les bras et qui ne nous enthousiasme pas.

Il est beaucoup plus magistral d'éliminer que d'acquérir. On élimine donc celui que l'on a, celui que l'on a en abondance, on élimine les moins excitants. On élimine l'un pour laisser la place à un autre ou à d'autres, ou pour relâcher la tension de tant de choses à faire.

Il est préférable de se débarrasser d'un produit plutôt que de l'acquérir, s'il s'agit d'un produit très problématique, car cela évite des souffrances et des problèmes.

Personnages à imiter.

Les moines-baiseurs.

Comme vous pouvez l'entendre, un ordre de moines utilisait le sexe pour s'unir à Dieu.

Les "Jlysty", en anglais "the flagellants", étaient une secte de l'Église orthodoxe russe.

Ils utilisaient la douleur du fouet comme mortification pour les conduire à Dieu, mais aussi, et c'est la meilleure partie, pour avoir des relations sexuelles débridées avec de superbes filles de la froide steppe russe.

Ils pratiquaient des rituels au cours desquels ils chantaient, dansaient, buvaient jusqu'à en perdre le contrôle, se fouettaient et baisaient aussi ces filles riches. Ils utilisaient tout cela pour atteindre une énorme saturation sensorielle, c'est-à-dire pour ressentir tout au maximum, la douleur et le plaisir ; et avec tout cela, ils atteignaient un état mystique d'extase. Si vous ne me croyez pas, regardez sur wikipedia "jlysty".

Dans les souterrains, toujours la nuit, ils pratiquaient leurs rituels orgiaques. C'étaient des moines, des mystiques et des baiseurs. Le mythique Raspoutine appartenait à cette secte.

Ils faisaient ce que font les éducateurs sexuels, mais ils étaient aussi des mystiques et même des saints.

Et je me demande où est passé cet ordre, qui réunit ce que j'aime le plus, le mysticisme et le sexe. S'il n'existe plus, nous, sexéducateurs, en avons formé un pour le remplacer, "L'Ordre des Ténèbres". Les membres de notre ordre recherchent la même chose qu'eux. L'illumination par le sexe.

Je vais vous faire une confession forte : j'ai vu des choses que vous ne croiriez pas, je ne les ai pas vues avec mes yeux, je les ai vues avec mon esprit.

Un après-midi, je m'adonnais à mon sport favori, la baise sauvage. Cela faisait longtemps que je ne l'avais pas fait avec cette fille blanche au gros cul et j'avais un énorme désir, alors j'ai pris énormément de plaisir. J'étais tellement à fond et la fille me donnait tellement d'excitation que je ne pouvais pas m'arrêter, j'étais comme possédé. Je l'ai baisée sept fois en deux jours, à l'âge de 48 ans. Je crois que c'était la septième fois. Au lieu d'être fatigué, je prenais de plus en plus de plaisir. Les jambes, le cul, la chatte, les lèvres, tout était bon et j'aimais tout. Je donnais tout et, peut-être que c'était mon imagination, ou une suggestion des choses que j'ai lues, ou le simple désir d'attirer l'attention et ce n'était pas si mal. Je ne sais pas si c'était quelque chose qui apparaissait à la suite de tant de sexe, ou si c'était juste mon imagination qui s'emballait.

Eh bien, le fait est que je m'amusais tellement que là, au milieu de la baise, soudain, j'ai vu des cellules avec des barreaux, des cachots. Il y avait là des filles que certains moines avaient, je ne sais pas si elles étaient volontaires pour participer aux rituels, ou si elles étaient payées en argent, ou si elles étaient forcées, je ne sais pas, le fait est que j'ai vu des moines baiser comme des fous dans des rituels mystiques. Les femmes devaient répondre à l'exigence d'être super belles. Les moines, par la recherche du plaisir maximum, entraient en extase en les baisant et voyaient ainsi Dieu.

Ces putains de moines me sont apparus au milieu d'une baise et j'ai su qu'ils existaient, j'ai su que c'était arrivé. Que cela avait été fait pendant des centaines d'années par des groupes mystiques secrets.

Je pense que je me suis donné autant qu'eux et que, d'une manière ou d'une autre, à travers l'espace-temps, je me suis connecté à ces événements.

Quel niveau !

C'était la quantité, mais plus encore le désir et le plaisir maximal.

J'espère qu'un jour tu seras tellement dans ta tête que tu verras aussi les moines. Il faut se donner à fond et atteindre des niveaux dangereux d'effort et de dévouement, comme ils l'ont fait. Ces moines sont nos maîtres, ils sont morts maintenant mais ils sont toujours là et tu peux les voir si tu entres en transe en baisant tellement et si joyeusement,

Baisez jusqu'à ce que vous les voyiez. Ils sont dans l'éther et apparaissent lorsque vous atteignez leur niveau. Si vous entrez en transe pendant que vous baisez, vous les verrez.

Les Vikings.

Les Vikings étaient vraiment des bêtes. Leur qualité la plus remarquable était leur masculinité. Ils étaient certes des bêtes, mais ils étaient aussi courageux et ingénieux. À eux seuls, ils ont réussi à terroriser toute l'Europe et une partie de l'Asie. L'empereur de Constantinople disposait de la garde varangienne qui était son escorte personnelle de Vikings. Ces féroces guerriers ont même atteint l'Amérique 5 siècles avant Christophe Colomb, en conquérant des parties de la France et de l'Angleterre. Ils sont même devenus rois d'Angleterre. Les Vikings ont pris Séville et Paris. La seule chose qui les a empêchés de tout conquérir, c'est qu'ils étaient trop peu nombreux. Experts en navigation, ils ont découvert et peuplé l'Islande, le Groenland et même l'Amérique.

Parmi eux se trouvaient des Vikings encore plus forts et plus sauvages, les "bersekers". Ils effrayaient les Vikings eux-mêmes. Il s'agissait de guerriers qui ingéraient des champignons hallucinogènes et pratiquaient des rituels au cours desquels ils se croyaient possédés par un animal sauvage tel qu'un loup ou un ours. Ils entraient dans une transe agressive et mordaient les boucliers, revêtaient des peaux d'ours ou partaient nus au combat sans avoir froid. Ils les gardaient enfermés dans des cages car sinon, impatients de commencer le carnage, ils tueraient leurs guerriers.

Un homme seul sur un pont a arrêté toute une armée de Britanniques, tuant 87 personnes, qui n'ont pu le battre que lorsqu'ils l'ont attaqué avec une pique depuis le dessous du pont. Face à face, aucun des deux n'a pu le battre.

Après la bataille, les bersekers ont dû être enfermés à nouveau jusqu'à ce que la transe guerrière soit passée et qu'ils se soient calmés.

Il s'agissait d'hommes sauvages. Mais si un jour tu flirtes et que tu te sens mou, vois-toi comme un berseker avec le pouvoir de 100 hommes, un gars qui, quoi qu'on lui fasse, ne ressent pas la douleur et continue à se battre, comme ces gars qui se sont battus même si on leur a coupé un bras, parce qu'ils ne ressentaient vraiment pas la douleur, et qu'ils n'avaient pas peur.

Soyez un Viking, un berseker qui n'abandonne jamais et qui, comme eux, meurt en tuant.

Les Vikings devaient mourir au combat avec leur épée ou leur hache. Oui, (ils tuaient leurs ennemis à la hache) et ils pouvaient ensuite se rendre au walhala, le paradis des guerriers, où les walkirias, de belles femmes blondes aux seins énormes, se régalaient de nourriture, de boissons et d'un bon baiser pour ces guerriers super machos et courageux. Thor et Odin étaient leurs dieux.

Si ces hommes existaient et vivaient ainsi, sans souffrir, sans se plaindre, par des températures négatives, en se battant, pensez que vous, bien au chaud, en sirotant votre verre, n'allez pas pouvoir draguer les filles qui sont là. Bien sûr que si. Inspirez-vous de leur esprit combatif et donnez tout ce que vous avez en conquérant comme un possédé, comme un putain de berseker. Ta vie est mille fois plus facile que la leur, alors si elles ont fait leur boulot, tu pourras les draguer facilement, parce que la volonté c'est le pouvoir, et qu'il est plus facile d'en draguer une que de tuer 87 hommes à l'épée.

Soyez une bête viking qui n'abandonne jamais.

Hommes.

Tout macho est un personnage à imiter. Si d'autres se promènent dans les bois la nuit et que vous n'osez pas, ils sont plus machos. Si d'autres caressent des loups et que vous ne le faites pas, ils sont plus machos. D'autres escaladent une montagne et vous êtes terrifié. Comme vous pouvez le constater, il existe de nombreux domaines dans lesquels développer sa masculinité, et les femmes sont souvent plus courageuses que les hommes pour certaines choses. C'est très bien et je leur dis bravo, mais j'aimerais que nos exploits soient bien supérieurs aux leurs.

Dans le passé, nous étions bien plus virils que les femmes, mais aujourd'hui, l'homme mou, résultat d'une programmation culturelle, envahit tout et il arrive que les femmes nous dépassent.

Il existe une multitude d'améliorations possibles pour vous rendre plus macho. Cela va-t-il vous aider à vous envoyer en l'air ? Un peu oui, car vous serez perçu comme plus viril, mais ce n'est pas indispensable.

Améliorez votre masculinité :

- Dans la Selva.
- Avec des animaux dangereux.
- Face aux agressions et aux abus.
- Dans l'obscurité.
- Avec de vilaines bestioles.
- Dans les situations de claustrophobie.
- Dans les situations provoquant des vertiges.
- Face aux dangers.

L'homme est la chose la plus importante, c'est ce qu'il faut toujours avoir en tête.

Les hommes vont au pôle, travaillent dans les mines, travaillent au sommet des pylônes électriques et des gratte-ciel sans avoir le vertige, font la guerre, explorent les forêts, escaladent les montagnes, toréent le taureau, chassent le bison, écrivent tous les livres dans l'Antiquité, et aujourd'hui ils construisent les barrages, inventent presque toutes les inventions et dirigent presque toutes les entreprises.

Nous, les hommes, avons créé ce monde.

Le chef en Afrique.

En Afrique, un chef de 80 ans a 40 femmes, la plupart très jeunes, entre 20 et 30 ans, toutes très honnêtes et fières d'être mariées à lui. Ici, vous ne pouvez en avoir qu'une seule, qui dirige tout et vous empêche de faire ce que vous voulez.

Cela ressemble à une blague, mais c'est une histoire que j'ai vue à la télévision il y a près de 15 ans. C'est tout à fait vrai. De nos jours, les journaux télévisés ne diffusent plus ce genre d'informations. Mais même s'ils ne le font pas et qu'ils veulent cacher le monde qui ne se plie pas à la dictature nazie-féministe des lgtb, même si ça les énerve, ça existe !

Et ils disent que l'Afrique est sous-développée, qu'elle est sous-développée sur le plan économique, parce qu'en amour, elle est à des années-lumière d'ici. Il n'y a pas de féminisme radical là-bas, vous pouvez avoir beaucoup de femmes et l'homme est responsable de tout. Aucune de ses 40 femmes ne songerait à protester contre quoi que ce soit. C'est un honneur pour elles et elles sont très satisfaites. Nous voulons être comme ces caciques, mais sans les épouser.

Ce cacique - c'est mon imagination, mais cela pourrait bien se passer ainsi - tire une petite boule d'un tambour avec 40 numéros et celle qu'il obtient va au lit avec lui. De cette façon, il n'y a pas de dispute. Ou s'il veut aller avec 5, il va avec 5.

Vive le cacique !

Mon oncle Honorio a dit cette phrase il y a de très nombreuses années.

-Si j'avais su comment ils étaient, dès que ma bite aurait poussé, je serais devenu un Maure et j'aurais été "jamalaji jamalaja" toute la journée.

Ainsi, en étant avec un groupe de personnes leur faisant "jamalaji jamalaja" comme le chef, je n'aurais pas eu à endurer la terrible épreuve que l'on vous fait subir.

Le moine bouddhiste.

Un moine bouddhiste ne semble peut-être pas être la personne à laquelle vous devriez vous adresser pour améliorer vos compétences en matière de séduction, mais croyez-moi, ce n'est pas le cas. Il y a beaucoup à apprendre de tout le monde et, dans ce cas particulier, beaucoup, beaucoup.

Le moine bouddhiste mène une vie monastique chaste et méditative, ce qui est à l'opposé de ce que nous voulons faire, mais ce moine a une caractéristique qu'il faut intégrer, ou plutôt plusieurs caractéristiques.

1 Discipline.

Le moine se sacrifie pour sa religion, il se lève à 4 heures du matin et depuis ce moment-là, il est déjà en train de prier ou de faire des corvées. Il ne déroge jamais à ses règles.

2 Sacrifice.

Le moine se sacrifie et laisse tout ce qui ne l'intéresse pas, il se concentre sur son but qui est de vivre selon sa vie de moine. Rien ne le distrait, rien ne le tente. Il est moine et fait ce que font les moines.

3 Attention.

Le moine accorde une attention énorme au moment présent et se consacre uniquement à ce moment, tout le reste n'a pas d'importance. Le moine ne fait jamais rien par routine, il est totalement conscient de ce qu'il fait, même s'il s'agit de balayer le couvent.

Quel est le rapport avec la séduction, John ? Vous avez perdu la tête ?

Non, mon ami, non.

Ces trois attitudes doivent être intériorisées autant que possible.

Discipline, sacrifice et attention.

Discipline.

Il faut faire tous les jours les exercices physiques, manger ce que l'on choisit de manger pour avoir un poids correct sans en faire trop, se discipliner pour faire travailler son esprit avec le jeu intérieur, se discipliner pour sortir de sa zone de confort, se discipliner pour travailler toutes ses compétences. Vous devez avoir un plan et vous y tenir.

Sacrifice.

Ne pas trop manger, subir la fatigue, le froid et la chaleur, l'effort de sortir pour faire la fête, renoncer aux petites amies et même aux amis ou aux loisirs. Pour planer, il faut se concentrer sur la séduction et vivre par et pour la séduction.

Attention.

Je pense que je vais vous surprendre. Il ne s'agit pas d'être totalement conscient de ce que vous faites lorsque vous interagissez avec une fille, c'est tout le contraire. Normalement, dans 100% des cas, nous, les hommes, concentrons notre attention de manière excessive sur elle. Alors, comme un moine le ferait avec ses affaires, à un certain moment, nous nous concentrons, nous focalisons notre attention non pas sur elle, mais sur tout ce qui n'est pas elle.

Vous êtes avec elle en train de parler, mais vous n'êtes pas conscient d'elle et de la communication avec elle. Vous concentrez votre attention sur toutes sortes de choses et l'interaction avec elle est laissée en mode automatique.

Vous regardez les lumières, vous voyez les couleurs, vous appréciez l'obscurité, vous appréciez l'essence de vampire qui vous embrasse, vous appréciez la musique, l'odeur de l'endroit, le goût de votre boisson, le toucher de vos vêtements, la jouissance des sens. Vous l'écoutez, mais une fois que vous avez établi le rapport et que cette excellente connexion avec la méthode JD a été produite, la pièce est maintenant terminée et vous ne pouvez que profiter de tout l'environnement, parce que vous savez que bientôt la matérialisation de votre pouvoir aura lieu et que vous embrasserez la fille sur place.

Si nous prêtons attention à tout sauf à elle avant que la connexion ne soit établie, elle nous verra comme distants et froids, et bien qu'attirants, nous n'aurons pas la connexion essentielle pour qu'elle devienne nôtre. Mais si vous êtes déjà conscient de la forte attraction que nous avons générée, nous devons profiter de tous les sens. Nous pouvons même essayer expérimentalement de le faire dès le début, ou bien elle nous détestera terriblement, ou bien nous l'attirerons énormément, en l'ignorant très peu. Celui qui ignore est supérieur et est perçu comme ayant une grande valeur par l'autre. Si vous vous sentez imbu de votre personne, faites comme si vous ne vous intéressiez pas du tout à elle, et il y a de fortes chances que si vous vous détendez un peu, vous l'attirerez plus tard par votre inattention.

Dans tous les cas, la chose la plus fiable à faire est de retirer son attention lorsque l'on voit qu'elle est atteinte, nous devons la torturer comme ils le font. Ces duretés seront performantes.

Calibrez, ne vous plaignez pas si vous avez retiré votre attention trop tôt et qu'elle ne vous a pas aimé, vous devez savoir quand le faire, si vous voulez le faire. Je le ferais pour les femmes très égoïstes, pour les femmes normales ce n'est pas nécessaire et cela peut même être dangereux parce qu'elles vous considèrent comme attirant mais vaniteux. Je vous dis ce que vous pouvez et ne pouvez pas faire et vous calibrez avec qui et quand le faire.

Si vous voyez que c'est fait et que vous voulez vous prévaloir de votre triomphe, détournez les projecteurs. Vous serez le putain de maître.

Johnny Deep.

Un bon producteur de sexe s'intéresse aux hommes séduisants afin d'intégrer le plus possible leurs armes dans son propre arsenal. Johnny Deep est un homme très séduisant, avec tous ces accessoires, comme les plumes, les pendentifs, les chapeaux, les écharpes, les tresses, les bagues, les bracelets, il ressemble à un magasin d'accessoires ambulant, ha, ha, mais la vérité, c'est qu'il a l'air vraiment cool. Elle est également devenue une championne de la lutte contre l'inégalité entre les hommes et les femmes. Il a gagné le procès contre son ex, et ça, en tant qu'homme, c'est important et c'est une raison pour tous les hommes de se réjouir. Mais le fait est qu'il ne s'agit pas d'être beau, il s'agit de l'image que vous projetez.

Il a l'air d'un rocker, mais il n'en a pas l'air, il en est un. Il joue de la guitare dans un groupe appelé les Hollywood Vampires. Il joue également bien et est un ami du révérend Marilyn Manson lui-même. On peut le voir à plusieurs reprises dans les concerts de Manson en tant qu'artiste invité jouant de la guitare.

J'ai aimé une chanson de Dawid Bowie, "Heroes", qu'il a très bien chantée. Il chante aussi parfois, en tout cas, beau, séduisant, chanteur, rocker, ami de Manson et vainqueur de procès, en plus d'être acteur.

Il y a beaucoup à apprendre de cet homme, il est plus âgé maintenant et vous ne pouvez pas exiger autant de lui, mais il a toujours été très mince et en forme.

L'attrait est donné par l'idée que l'on se fait de soi-même, ce qui se manifeste ensuite dans le corps. Tous les accessoires que vous portez renforcent votre pouvoir et font de vous quelqu'un de différent et de spécial. C'est une marque en soi.

Brat Pitt et George Clooney sont plus beaux, mais Johnny est le plus beau.

Étudiez-le et voyez ce que vous pouvez acquérir de lui et incorporer dans votre arsenal de séduction, le look, la pose, les accessoires. Le look, la pose, les accessoires, tout y passe.

Il faut aussi créer une image différenciatrice, comme l'a si bien fait le grand Johnny Deep, pour être perçu comme différent, meilleur et spécial.

Les vampires.

Certains m'appellent le ténébreux, d'autres le seigneur du mal, Remfield, je veux des pom-pom girls et un professeur de chant - c'est ce que demande Dracula à son serviteur, et il les obtient. C'est ce que dit Dracula dans le film "Remfield".

Un vampire est cool, il est puissant, il sort la nuit, il séduit les femmes qui tombent sous son charme et beaucoup d'entre elles, même en sachant qu'elles deviendront des êtres des ténèbres, sont impatientes d'être mordues. Un producteur de sexe doit être comme ça, comme un putain de vampire. Vous les fidélisez avec les rires et le sexe sauvage que vous leur donnez. Elles savent qui elles ont, un chauffeur sexuel, un bâtard, un homme qui vit pour leur plaisir et leur bite, un tricheur, un coureur de jupons, et pourtant elles vous aiment. Les sexductores ont le pouvoir du vampire, il est comme nous un être des ténèbres, un séducteur ténébreux qui se fait respecter par les couilles si quelqu'un s'amuse avec lui.

Les vampires sont bien conservés, ils sont maléfiques, ils sont attirants. S'il est vrai que les vampires n'existent pas, alors je vais dire ma phrase de vantardise. La voici.

"S'il n'y a pas de vampires, alors ce qui se rapproche le plus d'un vampire est un Dark séducteur, puis un esclavagiste, et enfin un sexducteur. Ces trois groupes dans lesquels j'ai classé les hommes en fonction de leurs capacités de séduction sont les vrais vampires.

Le Sexducer séduit en masse.

L'Enslaver séduit en masse et réduit en esclavage.

Le plus fort est le séducteur Dark. Il séduit en masse, asservit et punit.

La classification des niveaux de séduction est donc la suivante.

Niveau 1 : Ours en peluche.

Niveau 2.

Niveau 3 : Semitonto.

Niveau 4, normal.

Niveau 5 : Ligoncillo.

Niveau 6 - Séducteur.

Niveau 7 : conducteur sexuel.

Niveau 8 : Enslaver.

Niveau 9 : Séducteur sombre.

Quant à moi, certains m'appellent le sombre séducteur, d'autres le sombre maître, la plupart m'appellent le putain de maître, mais je préfère qu'on m'appelle John "Fucking" Danen.

Oncle Honorio.

Honorio, mon oncle, l'homme le plus mortifié du monde pour ma connaissance. L'homme qui a gâché sa carrière prometteuse avec les femmes à cause d'une femme, en l'occurrence ma tante, que j'aime beaucoup, mais c'est une chose d'être avec elle un jour et une autre de la supporter toute sa vie ; eh bien, cet homme qui s'est aigri et nous a tous aigris avec ses plaintes sur les femmes, certaines avec raison, d'autres clairement sexistes (c'est curieux que je dise cela), était un homme conscient de la folie du mariage et même ainsi il n'a pas pu s'échapper, il s'est fait prendre et est devenu totalement aigri.

Visionnaire, je n'ai jamais vu quelqu'un se plaindre autant et si fort, c'est comme si les autres étaient aveugles. Il ne voyait pas une fille sexy, il voyait son insupportabilité. Je pense qu'il a été le premier mgtow sans le savoir, parce que déjà en 1981 il a commencé à nous donner ses conférences sur les femmes et tout le mal qu'elles faisaient. Nous, les pauvres enfants, qui ne savions même pas de quoi il parlait, le prenions pour un fou et pensions qu'il exagérait. Je pense que de l'âge de 10 à 25 ans, il nous a mis en garde sans cesse. Et même à trente ans, il continuait à se plaindre éternellement.

Mais c'est dans la quarantaine, quand j'ai vécu avec l'un d'eux, que je me suis souvenu de tout ce dont il nous avait mis en garde pendant tant d'années. L'oncle Honorio avait tout prophétisé exactement trente ans auparavant, il l'avait prophétisé sans aucune erreur, tout ce qu'il avait dit, je l'avais subi et je me souvenais de lui comme d'un sage et d'un prophète.

Eh bien, il n'est pas tombé à côté, car il a bien parlé, mais je peux dire qu'il a eu raison. Cet homme, sans presque rien flirter, est considéré par moi comme l'un des plus sages, ou peut-être le plus sage, bien au-dessus du plus haut niveau de flirt.

C'est formidable !

Celle du harem.

Oui, il y a eu des sultans qui avaient des harems où ils avaient 100 femmes ou plus à leur disposition chaque jour. Je crois que ces hommes savaient vivre. Ici, en Europe et en Amérique, beaucoup meurent de faim, ou sont déjà dans la chasteté du moine involontairement, et cet homme jouit de toutes ces femmes sans même aller les conquérir.

Je préfère aller à la chasse, parce que la proie fraîchement chassée a meilleur goût que celle que vous avez déjà sous la main pour une raison quelconque, mais pour celui qui est plus à l'aise, c'est la meilleure chose au monde. Quelle ironie ! Une femme apporte le malheur et 100 apportent la joie. Tout cela parce que celle que vous avez acquiert du pouvoir sur vous, tandis que celles-là sont super heureuses que le sultan leur accorde un peu d'attention et n'ont pratiquement aucun pouvoir sur lui.

Les Mormons en ont aussi quelques-uns, des hommes intelligents. En Occident, le romantisme se développe, d'où le malheur des hommes qui remplacent la jouissance sexuelle par l'engouement et de tristes disputes. Tout cela est dû à une culture de la rareté et de la soumission aux femmes.

C'est une honte d'avoir une femme, dans d'autres cultures ils en ont beaucoup et sont super heureux, ici nous sommes amers avec celle qui nous opprime et nous soumet. J'essaie toujours d'en avoir au moins trois pour que chacune ne vous accapare pas trop.

Il fait plus en une journée que la plupart des gens en une putain de vie.

Eduardo, le "fucking power" et la victoire décisive avec un "S".

Il était une fois, dans un endroit proche dans l'espace mais très éloigné dans le temps, un homme qui s'appelait Eduardo, Edu pour les intimes. Cela s'est passé alors que j'étudiais pour obtenir mon diplôme. C'était une époque où j'étais débordé par mes études, presque sans rire ni sortir, et grâce à cet envoyé, je me suis sorti de cette merde et j'ai passé un moment merveilleux.

C'est dans cet espace-temps qu'Edu s'est matérialisé. Il était originaire de La Coruña, une ville voisine, mais il vivait à Lugo en raison de ses études, ma ville à l'époque. Edu connaissait un petit groupe de filles parmi lesquelles il y en avait une que j'avais aimée quand j'étais encore plus jeune et avec laquelle, grâce à ce groupe, j'allais reprendre contact.

De cet homme, j'ai appris des choses super utiles pour la séduction. Il était super insolent, à l'époque j'étais encore dans l'état de "bon garçon", avec une petite amie et essayant d'être formel, me faisant mal à l'âme d'être comme ça, retenu sans laisser aller la bête prédatrice qui poussait déjà à sortir.

Edu était si effronté que j'avais l'air timide à côté de lui, je pense que j'ai pris de cet homme l'effronterie, la personnalité d'un gars sans vergogne, drôle et sympathique. J'ai acquis ces qualités lorsque j'ai été étonné par sa façon de parler. J'ai donc incorporé ce que je pouvais à mes qualités pour créer ma charmante personnalité de canaille.

Edu allait dans les bars et obtenait de la serveuse qu'elle lui offre plusieurs litres de bière, ou qu'elle ne lui fasse pas payer quelque chose, ou d'autres choses de ce genre.

Un jour, dans un bar, il est arrivé avec une bouteille de whisky et a demandé des cocas à mélanger. La femme qui se trouvait là non seulement ne s'est pas plainte qu'il ait apporté le whisky, mais a été ravie et lui a servi. Elle m'a dit qu'elle avait volé le whisky dans un supermarché.

L'homme avait un énorme potentiel de drague grâce à ses qualités, mais il n'utilisait tout de même pas ces armes pour cela, mais plutôt pour obtenir des privilèges dans les bars et faire rire les gens. Il manquait un peu de confiance en lui et de l'idée qu'il se faisait de sa beauté, et malgré toutes ces qualités, il n'était pas un grand séducteur, c'est pourquoi il ne s'y attachait pas.

Une autre fois, dans la soirée, Edu avait une fille morte dans le pub, il la tenait dans ses bras et était totalement dévoué à elle, et au lieu de l'embrasser, il a commencé à crier - Voyons voir, qui veut embrasser cette fille qui est déjà faite ? J'allais dire "moi", mais je n'étais pas encore assez effronté.

Il l'a laissé filer et l'a gaspillé.

Un autre jour, Edu roulait en moto avec une très petite mais jolie fille qui était sa camarade de classe, Minicris, comme il l'appelait. Je l'ai vu depuis un appartement d'étudiants où vivaient des amis à moi et quand il m'a vu, il a crié : "Regardez, je transporte une salope ! Elle l'a attrapé et l'a giflé sur place. Nous avons tous ri.

Celle qu'il traitait de salope pour se moquer d'elle est finalement devenue sa petite amie.

Edu arrivait au pub et prenait un verre à moitié vide au bar, faisait semblant de boire et j'allais lui lancer le verre, nous le faisions devant le serveur pour qu'il puisse le voir, bien sûr il n'avait rien payé, puis le serveur le voyait et Edu disait - hé, donnez-moi un autre verre parce qu'ils me l'ont jeté - et le serveur lui donnait un vrai verre plein jusqu'au bout, gratuitement. Edu avait une telle puissance verbale qu'il lui arrivait souvent d'obtenir un verre pour moi aussi. Nous faisions cela tous les soirs où nous sortions, et je l'ai même appris et pratiqué avec succès. Je me souviens d'un soir où je suis rentré ivre sans rien payer. Une fois, nous l'avons fait avec une bière dont nous pouvions clairement voir qu'il s'agissait d'une bière, et avec tout le culot que nous avions, nous avons demandé un verre de rhum et ils nous l'ont donné.

Il était presque fou avec son impudence, j'ai dit qu'il avait l'air d'un gars timide à côté de lui, dommage qu'il n'ait pas canalisé ce talent de séduction qui lui aurait très bien convenu. C'était une vraie canaille.

Nous sortions avec un groupe de copines, dont une que j'aimais bien il y a quelques années et pour laquelle je me suis rendu compte que je n'attendais plus ma copine, car j'étais beaucoup plus attiré par celle-ci.

Cette fille, que j'appellerai "S", était très jolie et charismatique, ainsi qu'une fêtarde, une buveuse et une fêtarde, elle était la version féminine de nous. C'était aussi une hooligan.

Une fois, lors d'un concert, il m'a dit : "Sors tes muscles". Il a enlevé ma chemise et l'a jetée sur scène, et elle est tombée juste au-dessus du micro du chanteur, qui a failli ne pas pouvoir continuer à chanter à cause de cela, et je me suis retrouvé torse nu pendant tout le concert.

À la demande d'Edu, nous avons commencé à profiter de "S" quand nous avons vu le pouvoir qu'elle avait avec les gars, alors chaque fois que nous sortions avec elle à Lugo et Santiago, nous faisions une autre farce énorme, nous la louions.

Si un gars venait flirter avec elle, nous lui disions que s'il voulait parler un peu avec "S", il devait nous payer quelque chose, ou nous offrir un verre, alors certains payaient ce que nous demandions ou nous invitaient à boire un verre pour flirter avec elle et d'autres pour lui faire plaisir. En plus, nous étions trois gars et une autre fille qui n'était pas mal non plus, donc j'étais toujours désavantagé.

Avec cette astuce, entre les boissons qu'il recevait pour son esprit, les locations, ou les verres jetés et remplis gratuitement, nous avons bu sans rien dépenser ou presque.

Si quelqu'un s'énervait parce que son temps n'était pas encore écoulé avec elle, nous le chassions tous les trois et il partait. Nous lui disions que son temps était écoulé et nous la contournions pour l'empêcher de lui parler. Aucun d'entre nous n'est arrivé à quelque chose avec elle, parce que c'était un piège total, elle faisait ça pour les boissons aussi, donc nous étions sûrs que personne ne la prendrait.

Avec ces personnes, j'ai commencé à apprendre à être impudique, elle était aussi un bon professeur, j'ai beaucoup appris.

Un jour, lors d'un examen à l'université, j'étais avec "S" et elle m'a laissé copier une partie de son examen. Elle était également très intelligente et obtenait de bonnes notes, même si elle était à moitié ivre avec nous tous les jours. J'aimais bien cette fille. Lors de cet examen, elle m'a demandé : "John, as-tu une gomme ? J'ai dit oui et j'ai mis un préservatif dans sa main, elle a dû se couvrir la bouche pour ne pas rire et nous avons failli être expulsés de l'examen.

En revanche, la salope avec laquelle Edu roulait en moto est devenue sa petite amie des années plus tard.

Cette période s'est terminée lorsque je suis parti pour Santiago.

Après 5 ou 6 ans, j'ai repris contact avec Edu, après avoir déménagé et terminé mon putain de diplôme. J'avais perdu le contact pendant toutes ces années, mais un jour j'ai trouvé son numéro et je l'ai appelé. Je suis allé à la Corogne avec ma deuxième petite amie pour voir le légendaire Edu.

J'étais dans le même cas, Minicris était aussi là et nous sommes allés tous les quatre à une fête. Nous étions dans un pub avec Minicris, ma petite amie numéro 2, Edu et moi. Edu est allé au bar et a payé des bières, non seulement pour Minicris, mais aussi pour ma petite amie, c'est la seule fois où je l'ai vu payer quelque chose sans marchander ou obtenir autre chose. Edu a apporté les bières et les leur a données. Ils ont commencé à sauter et à danser avec leurs bières, puis Edu les a regardés et m'a dit,

- Avez-vous vu, John, combien il suffit de peu de choses pour rendre ces créatures heureuses ?

Cette phrase m'a fait rire aux éclats. Elle est tout à fait juste.

Quel bon gars ! Je ne sais pas pourquoi je me souviens tant de cette bande, je pense qu'il s'agissait de certains des moments les plus drôles de ma vie. Quel dommage que tout cela se soit terminé.

Je reviens maintenant au moment de la bande à Lugo, 5 ou 6 ans avant la phrase d'Edu, au milieu de la période de fête avec Edu et S.

J'aimais beaucoup "S", je faiblissais déjà et j'étais à deux doigts de me ramollir, de passer un mauvais moment, parce qu'elle était jolie, gentille, amusante et sexy, elle avait ce que j'aimais. Le fait est qu'elle avait un petit ami, un rocker d'un mètre quatre-vingt-dix, à moitié délinquant, et qu'elle lui était fidèle.

Mais cet été-là, à mon retour triomphal de mon séjour dans ma station estivale, je l'ai rencontrée par hasard dans les pubs, dans mon environnement naturel, la nuit, dans le pub que j'aimais le plus et au meilleur moment, quand j'étais déjà très cool et désinhibé, et là, cette nuit-là, il y a tant d'années, j'ai affronté le problème, je suis entré dans "S" avec décision et avec d'énormes couilles. Je lui ai dit "Hello", c'était la première fois que je la voyais depuis mon retour, "S" m'a dit.

- ! Bonjour John, as-tu participé au forum de Valence ?

J'ai répondu : "Oui, tout à fait.

S" a dit - "Je veux voir comment tu flirtes...".

- Voulez-vous voir comment je fais l'amour ?

"S" a dit... oui...

Je suis allé l'embrasser sans plus attendre.

"S" s'est détourné avec surprise et a dit

- ! Pas pour moi !

Mais je n'ai plus entendu ni accepté de refus,

Très confiant, je lui ai dit : "Oui, vous l'êtes !

Et je l'ai embrassée.

Le pouvoir de FUCKING POWER l'a fait tomber et elle m'a embrassé toute la nuit. L'audace et la détermination ont aidé, mais je sais que c'est le FUCKING POWER qui m'a donné la victoire. J'ai encaissé ce morceau qui me baisait depuis des années. Je crois que c'est la première fois que j'ai utilisé ce putain de pouvoir. Le putain de pouvoir change le destin, ce qui était de la douceur se transforme en arrogance. Grâce à lui, je suis passé du statut de fou à celui de champion.

C'est ce putain de pouvoir qui m'a donné la victoire, elle n'a pu opposer aucune résistance. Ce putain de pouvoir m'a mis sur la carte des séducteurs et m'a donné la vie de vin et de roses qu'apprécient les vraies crapules.

J'avais ressenti ce putain de pouvoir quelques mois plus tôt, un après-midi, comme ça, en écoutant une chanson. À partir de ce moment-là, j'ai changé et j'ai su que ces choses arriveraient. Cette nuit-là, je me suis simplement matérialisé, comme j'avais déjà matérialisé beaucoup d'autres triomphes, au cours d'un été de pur massacre sans merci.

Grâce à ce triomphe mémorable, j'ai cessé définitivement d'être un bon garçon et j'ai commencé à être une canaille qui n'a peur de rien et qui prend ce qui lui plaît.

Grâce à Edu et à tous ces hommes et femmes, j'ai ouvert les yeux, amélioré mon niveau et fait un pas en avant. Si je ne l'avais pas lié à "S", j'aurais pu rester à la traîne, tomber dans la mollesse et, au lieu d'être un triomphe, cela aurait été une triste défaite. C'était un triomphe décisif, qui m'a expulsé des perdants, des gentils, des pauvres malheureux qui souffrent et tombent amoureux, et c'est là que j'allais tomber si cette importante victoire n'avait pas eu lieu. La "putain de puissance" m'a opposé à la seule faiblesse qu'il me restait. Cette nuit-là, le "fucking power" m'a placé parmi les gagnants, une place que j'ai commencé à fréquenter à partir de ce moment-là.

Je pense que je dois en partie ma prise de conscience du putain de pouvoir à Edu et à la vie de rire et de fête que nous menions.

Et mes études ? Cette année-là, parce que j'étais tellement heureuse et satisfaite, j'ai passé deux cours sans aller en classe et en faisant la fête.

Viva Edu !

Vive le pouvoir de la baise !

S

Articles recommandés.

Boire du vin à Porto.

Il y a une ville qui s'appelle Porto, une grande, vieille et belle ville, pleine de grandes maisons délabrées, avec un fleuve appelé Douro qui coule juste à côté. J'ai commencé à y aller dès que j'ai eu ma première voiture. J'y suis allé en écoutant l'album pop de U2 dans la voiture en 1997. J'étais à Porto avec ma petite amie à l'époque. C'est une ville très charmante, magnifique, et on y produit l'un des meilleurs vins du monde. Le porto.

Porto n'est qu'à 2,5 heures de voiture de chez moi, à peine 250 km, une ville d'un million d'habitants et quelques, contre les 100 000 qui sont la norme là où je suis. C'est un endroit formidable.

Là, sur la rive, vous buvez vos trois ou quatre portos et vous comprenez à quel point vous êtes heureux d'être vous et d'être là.

Vous aurez aussi votre lieu, un lieu magique que vous aimez, qui, associé à une bonne activité et à votre conscience d'être un séducteur irrésistible, vous fera complètement perdre la tête et entrer dans une transe de conscience et de jouissance.

Trouvez cet endroit et cette activité et profitez-en. Plus tard, vous sortirez et rencontrerez de belles filles. Profitez aussi de ces moments d'extase.

Si vous profitez bien de ces moments, sans savoir comment cela se passe, vous serez sûr de vous envoyer en l'air très bientôt ou la nuit même, selon la puissance que vous ressentez, et cela se produira. La puissance de la baise te montre le grand avenir de la réussite dans ces moments de grand plaisir et de satisfaction.

La puissance de la baise permet de percevoir ce qui va arriver, ce qui se manifeste souvent dans des activités très agréables ou lorsque l'on est dans un état de grande satisfaction personnelle.

Vivre au présent.

C'est l'essence même du plaisir, ne pas attendre que quelque chose se produise, ce n'est pas la bonne façon de procéder, nous devons faire du présent quelque chose que nous aimons. Souvent, nous attendons quelque chose avec impatience et lorsque cela arrive, nous sommes terriblement déçus. C'est pourquoi il ne faut pas attendre, il faut agir. Pour pouvoir faire tout ce que vous voulez maintenant, vous devrez vous débrouiller seul, car personne ne sera là pour vous quand vous le voudrez. Vous devez attendre les gens et ils sont presque toujours décevants. Si vous voulez sortir, vous sortez, vous ne pouvez pas attendre vos amis parce qu'ils risquent de ne pas venir à la dernière minute, ou de ne pas vouloir sortir, ou de ne pas vouloir sortir, ou d'instiller leurs misères sur vous. La seule façon de vivre vraiment dans le présent est donc de sortir seul et de faire ce que l'on a envie de faire.

Vivez le présent, ne procrastinez pas, faites-le maintenant.

Tous, putain.

La personne qui a choisi de vivre pour le plaisir, ou plutôt qui l'a choisi pour vous, a une responsabilité. Il y a beaucoup, beaucoup de filles qui sont tristes, en colère, déçues, mal servies sexuellement. Certaines d'entre elles n'ont jamais eu d'orgasme à cause des personnes inutiles qui les accompagnent. C'est très triste et très difficile pour elles et pour le monde. Elles se mettent souvent en couple avec des hommes bons mais pas très machos, et vivent une vie sexuelle merdique.

Donc, si vous vous êtes présenté comme le baiseur, c'est à vous qu'il incombe de sortir toutes ces femmes de leur horrible vie sexuelle. Vous faites bien, elles vous le diront. Vous ne devriez pas vous soucier de savoir si elles ont un petit ami ou un mari, ce sont elles qui ont le plus besoin de vous. Celles qui sont sur le marché ont des variations et ne souffrent pas de ces misères. Soyez donc un homme bon et faites votre mauvaise action du jour, qui est en fait une excellente action.

Baisez-les aussi, brisez les mariages et les couples si nécessaire. Vous faites le bien, vous êtes l'équilibreur du système, le Néo de la matrice. Tu les libères de la triste vie qu'ils mènent. Votre bite fait du bien. Vous ne trahissez personne, vous trahissez la vie si vous ne le faites pas. La vie le veut, Dieu le veut. Celui qui devient un Dark séducteur n'hésite jamais et n'a pas de regrets. Il remplit sa fonction sans réfléchir, qu'il s'agisse de la fille d'une connaissance, de la femme de son patron ou de la sœur de sa petite amie. Le séducteur sombre exécute.

Laissons à l'idiot du village le soin de faire des dissertations morales. De temps en temps seulement, si vous pensez que vous allez faire plus de mal que de bien en baisant la petite amie d'une bonne personne, ayez pitié d'elle. Il est magnanime de pardonner et cela peut parfois se faire, mais seulement quelques fois !

J'ai baisé la petite amie d'un type que je considérais comme supérieur à moi au début de ma carrière de baiseur. Il n'était pas mon maître, mais je l'admirais. En baisant celle-ci, je ne voyais personne au-dessus de moi. J'ai aussi baisé la fille dont un de mes amis était amoureux, il a échoué et j'ai réussi, bien joué aussi ! Sélection naturelle.

Ce n'est que dans le cas de vos bons amis, qui sont de bonnes personnes, qu'ils sont pardonnés pour avoir baisé leurs filles. Dieu n'aime pas que vous pardonniez, mais dans ces cas-là, il est irrité par le pardon. Dans tous les autres cas, vous l'exécutez sans pitié, vous lui enlevez sa petite amie et vous le laissez pleurer. Aussi bête que cela puisse paraître, vous l'aurez aidé en lui montrant qu'elle n'était pas la fille qu'il lui fallait.

Ceux qui peuvent résister à l'assaut de votre énorme pouvoir de séduction sont aptes à continuer avec leur partenaire.

Vous êtes l'ange exterminateur.

Plaisir sensoriel.

Oui, saturez-vous de plaisirs, comme les moines baiseurs, comme Raspoutine, jouissez ! Il n'y a pas que la baise, il y a beaucoup de sensations qu'une fille peut te procurer.

Embrassez-la bien. C'est super, profitez de sa langue et de ses lèvres pulpeuses. Demandez à être touché pendant que vous faites quelque chose, c'est agréable, il n'est pas nécessaire que ce soit la bite. Mélangez les choses comme les Romains dans l'orgie.

Elle baise. Oui, mais il boit aussi du vin et mange un gâteau.

Mettez votre tête à l'endroit.

Un jour, je pense que j'ai eu l'un des plus grands plaisirs de ma vie sans baiser ou faire quoi que ce soit de sexuel.

Cet après-midi-là, j'étais avec une de mes amies fidèles et dévouées, une blonde au cul charnu, minuscule mais avec beaucoup de qualité dans sa chair. Elle a une très belle peau et elle joue tellement bien que tout ce qu'elle touche vous excite et vous pouvez même bander. Celle-là est très vicieuse, chaude et baisante, elle est en feu. Cette blonde au gros cul était avec moi lors d'une excursion porno dans les montagnes, là bien sûr je l'avais déjà baisée en pleine nature. Bonne fille ! Elle m'a fait entendre un petit cri d'excitation. Mais ce n'était pas le meilleur, le meilleur est venu plus tard. Après avoir été satisfait de la baiser à quatre pattes, en sentant son cul caoutchouteux, j'ai pensé que je ne pourrais plus ressentir de plaisir, mais je me trompais.

C'était un soir d'été, les températures étaient excellentes et le soleil se couchait déjà. L'air était frais et sentait la campagne et l'été. Le sentiment était celui d'un bonheur total. En bonne compagnie, je conduisais ma voiture avec la petite fille blonde qui me regardait toute amoureuse. Je conduisais la fenêtre ouverte, je sentais la fraîcheur et j'écoutais de la musique céleste sur mon système de musique, qui sonnait très clair et très fort. J'étais heureux de ce sentiment de puissance, de les tenir en haleine, de les baiser tous quand et où je le souhaitais, d'être le meilleur, de m'aimer et d'aimer ma vie.

L'odeur était bonne, l'odeur d'elle et l'odeur de la forêt, la fraîcheur du vent, la musique, le plaisir d'accélérer et de sentir la puissance de la voiture, la satisfaction du baiseur qui a fait son travail, tout cela je l'ai ressenti.

Nous nous sommes arrêtés dans un bar à la campagne, nous sommes allés sur une terrasse où nous pouvions déjà voir les premières étoiles et nous avons commandé quelques bières, et ils nous ont servi des châtaignes en guise d'apéritif. Et là, je buvais la bière fraîche, qui avait un goût merveilleux, je sentais l'air, je mangeais la châtaigne, qui était excellente, et elle a fait quelque chose qui m'a mis en extase. Elle a commencé à me toucher la cuisse droite avec ardeur sexuelle. Je portais un maillot de bain très court et ma cuisse était en l'air, de sorte que je sentais tout à merveille. Cela m'excitait, cela m'excitait. La combinaison de sa main me touchant près de mon sexe, avec la bière, la châtaigne, la fraîcheur, l'odeur d'été et la sensation de bien-être, tout cela m'a mis en extase et je lui ai dit que je n'avais jamais ressenti autant de plaisir de toute ma vie.

C'est le plaisir sensoriel.

Ne vous contentez pas de baiser, sentez votre environnement.

Et si vous pouvez ressentir cela sans baiser, la baise peut vous mettre dans une putain de transe, comme cela m'est arrivé en regardant les moines. Mais je pense que c'est sans baiser que l'on obtient le plus de plaisir sensoriel. Parce que le sexe absorbe tout et qu'on ne sent pas le reste. C'est après la baise que vient le vrai plaisir sensoriel, en grande partie parce qu'elle augmente l'estime de soi et nous détend. Dans ces moments-là, on voit clair, on est conscient de son pouvoir et on ressent tout beaucoup plus.

Le sybaritisme sexuel.

Oui, soyez une sybarite sexuelle, qui mange des cerises en baisant, qui arrose sa chatte de champagne et la mange, qui suce ses orteils avec des ongles peints de couleurs vives pendant que vous l'enculez.

Dites-leur de vous dire qui est le meilleur pendant que vous les baisez. Baisez-les avec des miroirs et regardez-vous. Mettez-leur des colliers de salope, faites-les se mettre dans des positions excitantes avant d'entrer dans la pièce et quand vous entrez, vous les trouvez comme ça, faites-leur des perversions. Soyez très exigeant, ordonnez, commandez, tirez-leur les cheveux. Dites-leur de vous regarder pendant que vous jouissez sur leur visage, faites-leur compter le nombre de coups que vous leur donnez, soyez créatifs.

Ils l'adorent !

Il y a beaucoup de joie à ressentir. Pour mal baiser, il y a les fous du village.

Être apprécié.

Les filles qui vous accompagnent doivent vous estimer. Si, dans la vie en général, nous ne devrions pas tolérer que quelqu'un nous rabaisse, à plus forte raison devrions-nous être appréciés à leur juste valeur par les filles à qui nous accordons le privilège de notre compagnie. Ces filles doivent avoir une haute opinion de nous. Ne laissez jamais l'une d'entre elles dire quoi que ce soit de désobligeant à votre sujet. C'est celle que nous avons validée comme étant une bonne fille et apte à être avec nous, alors si elle se comporte de la sorte, que feront celles qui ne sont pas aptes ?

Vous devez être leur héros, leur grande illusion, ils doivent se donner. Les attitudes froides, les femmes ambiguës qui ne se donnent pas mais ne partent pas non plus, sont une perte d'estime de soi et il vaut mieux ne pas les avoir que les avoir. C'est ce qu'elles font souvent, se montrer froides et s'attendre à ce que vous les poursuiviez. Vous faire souffrir est leur arme pour vous dominer, si vous leur permettez d'être comme ça, ils vous battront et ne vous estimeront pas du tout.

Si vous en appelez une, qu'elle vous fait des avances et qu'elle refuse de vous rencontrer, ne continuez pas à l'appeler. Tu as raté ta putain de chance. Ce que tu devrais faire, c'est sortir avec d'autres personnes et, si tu n'en as pas, sortir seul pour t'amuser et ne jamais de ta vie souffrir ou penser à une femme ingrate qui ne t'apprécie pas.

Ils commenceront à souffrir lorsqu'ils verront votre manque d'intérêt pour eux, car ils le font souvent non pas parce qu'ils ne vous aiment pas, mais pour vous rendre dépendant et souffrant, pour vous avoir complètement. Après avoir vu votre douceur, ils vous élimineront sans pitié. Tous ceux qui s'adoucissent et vous poursuivent finissent par être éliminés, seuls les durs et les méprisants de leur jeu gagnent, et ceux qui tombent amoureux et souffrent, ce sont eux. Si vous êtes plus froid et plus indépendant qu'eux, ils prendront leur propre remède et bientôt ils vous appelleront et seront beaucoup plus agréables et dévoués.

C'est un jeu, ils se comportent de manière dure et froide pour éliminer les doux et garder les durs, plus vous êtes dur, plus leur cœur bat, plus ils diront que vous êtes un vrai homme et plus ils se donneront. Souvent, ceux qui sont durs se brisent complètement et leur dureté totale se transforme en douceur et en amour. Plus ils vous paraissent durs, plus ils s'effondreront si vous vous y prenez bien. Si tu parviens à les plier, elles seront tes soumises et tes ardentes, non pas des petites amies, non pas des maîtresses, mais des esclaves !

Derrière chaque tante dure, méprisante et cruelle, se cache une femme soumise qui souhaite trouver l'homme qui la dominera.

Une femme malheureuse, qui se plaint constamment ou qui vous critique lorsqu'elle est avec vous, c'est une femme qu'il faut faire sortir de notre vie. Si vous ne faites pas attention à elle, elle viendra à vous. Et si elle ne vient pas à vous, c'est qu'elle ne vous appréciait pas du tout et ne se souciait pas de vous, donc vous n'avez pas perdu, vous avez gagné.

Ne tolérez pas les plaintes injustifiées. Faites-vous respecter. Soyez froid et dur, soyez plus méchant qu'eux, ne soyez jamais fidèle et ne cherchez jamais cette stupidité qu'on appelle l'amour.

Si tu es bon, petit à petit tu seras sur le chemin du psychologue et de l'hôpital psychiatrique, si tu es mauvais, tu seras récompensé et tu n'arrêteras pas de baiser, tu seras un producteur de sexe, un esclavagiste, un maître, peut-être qu'un jour tu deviendras un séducteur ténébreux.

Échapper aux conventions.

Il faut se marier, travailler pour les autres, sacrifier sa vie en contractant un prêt hypothécaire auprès de la banque... Foutaises ! De nos jours, il ne faut jamais se marier, pour ne pas avoir à supporter les plaintes incessantes de sa femme. Il faut avoir le moins de copines possible, avoir du temps libre et toujours travailler pour soi. Nous sommes passés d'une société où l'on travaillait pour les autres, où ils nous exploitaient et où l'on était enchaîné à un salaire qui n'augmentait jamais assez, à une autre société où le travail consiste à acheter et à vendre des choses, si vous décidez de vendre des produits, ou simplement d'offrir des services, tout cela par le biais d'Internet, vous pouvez réussir.

Cela vous permet d'être un nomade numérique et de vivre où vous voulez. Il vous permet de profiter du monde entier. Ainsi, au lieu de vivre en Allemagne dans le froid et de gagner 2000 euros par mois, vous allez vivre dans un pays d'Amérique latine où la vie est moins chère et les impôts moins élevés. Ne vous attachez à rien, ni à une femme, ni à un endroit. Le monde entier est votre maison.

Pour vivre vraiment sa vie, il faut avoir du temps, de l'argent et de la santé.

Dans le diplôme, ils nous ont menti, ils nous ont dit que nous aurions un bon travail et que nous n'aurions pas de problèmes économiques, c'était une énorme fraude et après nous avons dû voir comment des gens spécialisés dans un métier comme les mécaniciens, les menuisiers ou les plombiers, avec beaucoup moins de formation que les diplômés, gagnaient trois ou quatre fois plus ; en plus, ils faisaient ce qu'ils aimaient, ils travaillaient pour eux à leur manière. Nous, les diplômés, allions dans des bureaux où nous étions pressés et abandonnés quand nous n'étions pas intéressés. Nous avons connu le chômage et la précarité. Parce que nous avions des études, nous avons perdu des années à étudier des choses stupides qui, plus tard, ne valaient rien, et nous avons subi les difficultés économiques que nous voulions précisément éviter.

Le mariage, c'est la même chose. Il promet que vous ne serez jamais seul, que vous aurez de l'amour et de l'affection et, au moins 40 % du temps, ce que vous obtenez, c'est de la douleur, du mépris, de la solitude, une famine sexuelle et l'asservissement de vous-même pour soutenir une famille qui, finalement, avec les lois féministes, vous est enlevée.

En fin de compte, mes aventures nocturnes, mes badinages avec toutes les femmes que je peux conquérir, valent bien plus pour moi que ces études qui m'ont coûté tant de sacrifices. Il faut travailler pour faire ce qui nous passionne, ce que l'on aime.

Jusqu'à l'âge de 50 ans, j'ai été très occupé par une production industrielle de flirts et je n'ai pas eu le temps de raconter quoi que ce soit, ni de faire quoi que ce soit d'autre. Une fois que la demande fait une pause, au moins temporairement, vous pouvez prendre des vacances d'être un Séducteur Sombre et écrire tout cela. Je sais que dès que j'arrêterai d'écrire, ils reviendront pour essayer de me pourrir la vie avec leurs exigences. Mais j'en profiterai sans trop m'impliquer et j'en sortirai indemne une fois de plus, pour une autre décennie. La production continue et ne s'arrêtera jamais.

Par conséquent, libérez-vous des activités improductives et commencez à travailler pour vous-même dans ce que vous aimez. Sortez des conventions et vivez en dehors de la matrice.

Épées et cornes de combat.

Pour vous responsabiliser et vous sentir comme un vrai homme, vous pouvez faire des exercices pour élever votre masculinité à de nouveaux sommets. Vous pouvez pratiquer l'escrime, mais pas avec des fleurets ou de petites épées fines, mais avec de grandes épées médiévales. En vous battant contre d'autres types de bêtes, vous vous sentirez sauvage, féroce et puissant, ce qui renforcera votre image d'homme fort, de mâle alpha qui se bat avec acharnement et qu'il faut craindre. Pour ressentir davantage cette puissance masculine, vous pouvez vous entraîner sur le terrain avec votre épée, écouter de la musique médiévale et également entendre ou jouer des cors de bataille.

Participez aux fêtes médiévales en tant que grand chevalier combattant, mais pas comme les idiots amoureux de la dame, mais comme un brave chevalier qui se soucie de lui-même et à qui les filles viennent presque seules. Écoutez la musique des tambours de guerre, des cornemuses écossaises, la musique épique des anciens guerriers et entraînez-vous à vous battre en prenant soin de ne pas vous blesser. Je pense qu'il est très puissant de valoriser sa masculinité.

Profitez-en pleinement.

Ne vous plaignez pas, ne protestez pas, tout ce qui vient est exactement ce dont vous avez besoin. Plus tard, je vous expliquerai comment obtenir ce que vous voulez. Pendant que tu es dans ce processus, sois reconnaissant pour tout ce qui t'arrive, car même si c'est très dur, c'est exactement ce dont tu as le plus besoin. Les triomphes viendront, mais le triomphe ne vient jamais sans une période horriblement dure de souffrance et de frustration. Tu devrais être reconnaissant à celui qui te bloque, à celui qui ne va pas au rendez-vous, à celui qui ne répond pas, parce que même si tu pensais être prêt, tu ne l'étais pas. Dieu le sait et vous protège de celle que vous désirez mais qui ne vous convient pas.

Il n'y a pas d'échec, il y a un apprentissage. L'absence de matérialisation de ce que nous voulons, les revers, nous forgent. Une fois que nous sommes bien forgés, nous pouvons relever des défis plus difficiles, des défis qui, si nous les affrontons sans y être préparés, nous détruiront, alors soyez patients et, oui, soyez reconnaissants et appréciez aussi l'échec très dur de ne pas encore avoir les résultats que vous souhaitez. Si c'était facile, tout le monde serait un grand séducteur. Les 99 % ne supportent pas la pression et se contentent de s'améliorer sans exiger d'atteindre le sommet.

Rappelez-vous que ce qui attendrit le plus les hommes normaux n'est pas le flirt et que ce qui endurcit le plus les durs n'est pas non plus le flirt. La même situation produit deux effets différents.

Le faible est rendu encore plus doux par la rareté des succès et lorsqu'il les obtient, il est super serviable et dépendant. Les filles semblent être une merveille par rapport à avant. En conséquence, ils finissent par les quitter et perdent les filles pour lesquelles ils ont travaillé si dur, et bientôt ils se retrouvent à nouveau sans attaches.

Le dur à cuire est conscient des difficultés qu'il a rencontrées en temps de crise et, sachant cela, il ne se laisse pas aller à la douceur avec elles, une douceur qui le renverrait à la sortie et à l'absence de tout nouveau flirt. Par conséquent, parce qu'il sait à quel point c'est difficile, il se comporte avec elles comme un homme charmant mais dur, il se fait respecter et il est apprécié et aimé.

Appréciez votre valeur et ne vous trahissez pas.

Profitez de cette période sans succès, car elle vous rendra aussi dur que l'acier et vous pourrez alors dominer vos relations d'une main de fer.

L'imbécile jouit du succès, le sage jouit de l'échec.

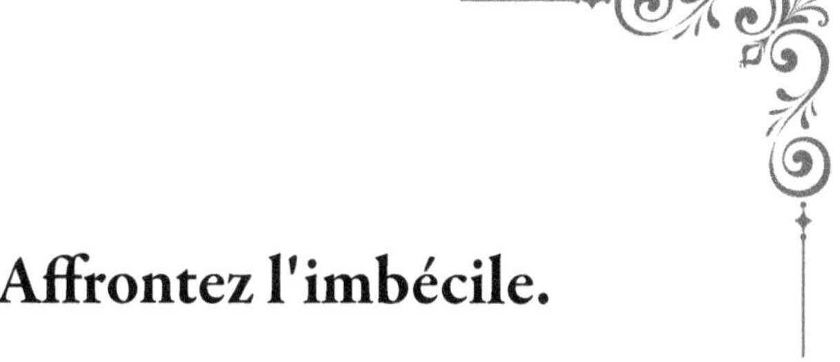

Affrontez l'imbécile.

Dans cette vie, nous devons nous faire plaisir et ne pas tolérer que quelqu'un nous rabaisse ou nous déprécie le moins du monde. Parfois, on est obligé d'aller à des événements où l'on s'amuse et où l'on passe un bon moment, mais où il y a des personnages nocifs et désagréables. Sachant cela, j'ai un jour planifié à l'avance de les bousiller complètement en adoptant une attitude hautaine, arrogante et provocante.

Il y avait donc un événement auquel un autre séducteur et moi devions nous rendre et qui se tenait une fois par an. Les envieux, les imbéciles, ceux qui n'étaient même pas médiocres nous y attendaient. Les ours en peluche qui, grandis par leur supériorité numérique, se consacraient à rabaisser et à attaquer tous nos triomphes.

Les imbéciles sont nombreux et les gens intelligents sont rares. L'autre séducteur y est arrivé en prononçant la phrase d'introduction suivante : "Certains font plus en une nuit que d'autres en une année entière".

J'avais planifié tout cela et je l'avais appelé "tir croisé". Le tir croisé consistait à s'asseoir stratégiquement à la table pour dominer une position de force, et de là, nous allions lancer nos attaques sur tous ces personnages. Le tir croisé a fonctionné à merveille, nous avons gagné le combat et ensuite, satisfaits de la rebuffade que nous leur avons infligée, nous l'avons considérée comme acquise, nous avons relâché notre attaque et nous les avons laissés dire leurs bêtises. Ce jour-là, nous les avons fait respecter par les couilles, en contenant la vague de médiocrité et d'envie qui déferlait sur la table, nous les avons tenus à distance et ils n'ont pas osé parler.

Ma prestation a été convaincante. Quand celui qu'on appelait "le plat de résistance" est arrivé, le plus bête et le plus agressif de tous, je me suis débrouillé tout seul et je l'ai mis KO dès qu'il est arrivé. Dès qu'il nous a vus et qu'il a compris qu'il devait s'asseoir à côté de moi, il a dit : "Qu'est-ce que je vais devoir supporter", et j'ai dit : "Va te faire foutre", et ça a été ma première action par rapport à tous ces gens. Tout au long de ce repas, nous étions encore là à rire, à raconter nos baises éhontées, nos massacres, à nous vanter de nos victoires et à nous exhiber. Nous étions vêtus de longs manteaux et portions même des lunettes de soleil à un moment donné à l'intérieur, nous ne souriions à aucun d'entre eux, les ignorant complètement, avec un visage droit envers eux comme s'ils étaient nos laquais et que nous étions les rois.

Nous ne nous sommes pas fait d'amis ce jour-là, mais nous nous sommes fait plaisir, et nous nous en souvenons bien des années plus tard comme d'un grand jour.

C'est l'attitude que je pense qu'il faut avoir pour attaquer les imbéciles.

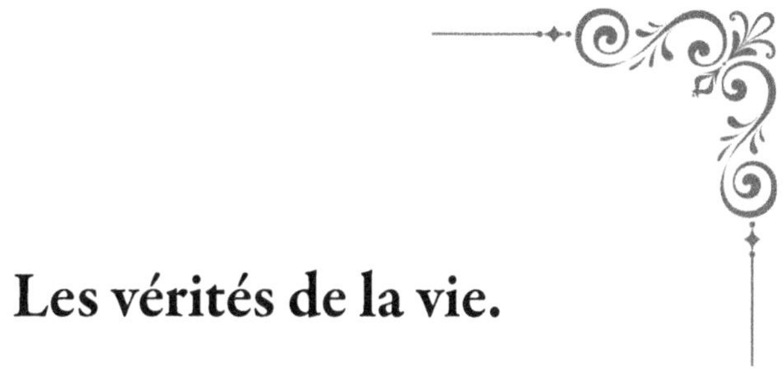

Les vérités de la vie.

La crudité du piège émotionnel.

Dans ce chapitre, je n'ai pas l'intention de vous démotiver, mais vous devez connaître ces putains de vérités qui sont très difficiles à accepter. Plus tôt vous les accepterez, plus vous accorderez de crédit à ce que vous faites et plus vous serez fier de vous. La vie est dure pour tout le monde, et dans le cas de nous, les hommes, la vie est encore plus dure pour les raisons que je suis sur le point de vous dire.

Souvent, ce n'est pas que nous ayons une mentalité de pénurie et qu'elle nuise à nos relations, mais qu'il y ait réellement une pénurie. Une femme moyenne a un nombre infini d'hommes qui veulent être avec elle en raison de ses énormes besoins sexuels. Un homme moyen n'a pratiquement rien. Cet homme devra polir et travailler toutes ses qualités et consacrer un temps infini pour sortir de la pénurie dans laquelle il se trouve, due à la société et à son fonctionnement.

On critique beaucoup les hommes qui ne se remettent pas d'une rupture et qui deviennent obsédés par une femme. Pour eux, il est plus facile de passer à autre chose, car dès qu'ils s'y mettent, ils ont des candidates avec lesquelles ils peuvent oublier l'ancienne, et ainsi, en allant avec l'une puis avec l'autre, ils s'amusent et se remettent de la rupture. Mais pour l'homme moyen, c'est très difficile car il ne trouve pas de filles qui s'intéressent à lui. Dans cette solitude et cette pénurie, il a tendance à se souvenir des bonnes choses qu'il a vécues avec son ancienne partenaire lorsque la relation se passait bien, et il pense que c'est quelque chose pour lequel il faut se battre, et il considère que c'est beaucoup plus facile que de chercher une nouvelle partenaire qu'il essaie de trouver mais qu'il ne trouve pas. Cela lui est totalement préjudiciable et il peut devenir obsédé. Pendant qu'elle s'amuse avec de nouveaux hommes, il vit un enfer de remords et de nostalgie pour une relation dont il n'a pas su s'occuper, qu'il regrette maintenant et qu'il est déterminé à récupérer. Plus il s'entête à vouloir la récupérer, plus elle le rejette. Elle va bien maintenant et ne veut pas revenir aux disputes et au malheur. Il est toujours pris au piège émotionnel et sa vie est un véritable enfer. Certains d'entre eux, complètement frustrés, la tuent et se suicident. C'est très grave.

C'est pourquoi je pense qu'il est si important que tous les hommes acquièrent de solides compétences en matière de séduction afin de pouvoir aller de l'avant et de ne pas rester bloqués dans cette situation, la société s'en porterait beaucoup mieux.

Si c'était le cas, il y aurait beaucoup moins de décès dus à des ex-partenaires, car ces hommes pourraient trouver une autre fille.

Les filles ont également des difficultés et sont victimes de harcèlement, ce qui devrait être résolu, comme je l'ai dit, en apprenant aux hommes à séduire et donc à tourner la page. La séduction devrait être enseignée dans les lycées.

Circonstances
défavorables.

Outre le piège émotionnel, qui, je l'espère, ne vous arrivera jamais, et si c'est le cas, vous le surmonterez sans créer de problèmes à qui que ce soit ou à vous-même, il existe un grand nombre de circonstances défavorables que vous devez éviter pour réussir dans la séduction, ou simplement pour vivre une vie décente avec l'abondance de tout ce que vous voulez.

Les circonstances négatives sont les suivantes :

Manque de liberté.

Si vous êtes très jeune et que vous vivez avec vos parents, ce manque de liberté réduira considérablement vos chances de séduire les filles.

Absence de logement propre.

Sans lieu d'intimité, les relations sexuelles seront plus difficiles, voire plus coûteuses, car il faudra aller à l'hôtel.

Pauvreté.

La pauvreté signifie que vous ne pouvez pas sortir ou aller dans des endroits coûteux, que vous n'avez pas un budget de loisirs décent et que vous devez rester à la maison, donc que vous n'avez pas d'argent pour aller où que ce soit. De plus, de nombreuses filles vous rejetteront déjà parce qu'elles recherchent des gagnants, pas des personnes qui ont des problèmes ou qui vivent dans la pauvreté.

Croyances limitatives.

Votre plus grand ennemi, c'est vous-même. Si vous avez des croyances limitantes et que vous pensez du mal de vous-même, quelles que soient les circonstances, cela se matérialisera dans la réalité. Même si tout ce que je dis ici est réel et très négatif pour vos chances de réussite en séduction, un séducteur surmonte tout et réussit là où tout le monde échoue. En fin de compte, tout ce qui est extérieur influence les résultats mais ne les détermine pas. Les résultats sont presque exclusivement de votre ressort. Or, si vous vous installez et vous résignez, ce sont les circonstances qui décideront de vos résultats.

Vivre dans un endroit où le marché est très difficile.

C'est une limitation énorme, car ce n'est pas la même chose de vivre dans une station balnéaire et estivale comme Benidorm, où il y a tous les jours une ambiance et des fêtardes avides de sexe occasionnel, que de vivre dans un village perdu dans les montagnes où il y a six habitants âgés de soixante-dix ans. Ici, la seule solution est d'aller ailleurs, même si vous êtes le plus bel homme du monde, vous souffrirez de la famine si vous ne quittez pas cet endroit. Une autre solution consiste à bien comprendre le fonctionnement du marché et à s'y adapter, ou du moins à ressembler à ce que le marché demande. Cela vaut pour les grandes villes où les coutumes sont contraignantes. En général, pour séduire le marché, il faut une ville d'au moins 100 000 habitants, avec beaucoup moins on peut faire d'excellentes performances, mais si vous voulez être connu de tous et pouvoir faire une production puissante sans manquer de marché, il vous faut au moins cela.

Âge supérieur à 40 ans, ou pire, supérieur à 50 ans.

Les femmes discriminent les hommes et les transforment en cadavres amoureux dans certains endroits. Ils deviennent des hommes qu'aucune fille ne regarde et qui sont comme désavantagés en raison de leur âge. C'est le cas en Espagne, où les femmes voient d'un très mauvais œil tout homme de plus de 40 ans et l'excluent totalement de leurs préférences à partir de 50 ans. Il y a toujours un petit reste de femmes qui sont intéressées par une histoire d'amour avec des hommes de plus de 50 ans, mais elles sont peu nombreuses parce qu'elles deviennent confortables et exigeantes et limitent encore plus l'accès d'un homme à elles. De plus, il y a peu de femmes qui ont le même âge.

Les femmes plus âgées disent qu'elles ont beaucoup souffert et qu'elles veulent des relations sérieuses et le véritable amour. L'homme mûr est fatigué de faire semblant de raconter des conneries pour s'envoyer en l'air et ne supporte plus ces femmes qui exigent une relation sérieuse juste pour s'envoyer en l'air. Ainsi, même s'il est très beau, le simple fait d'avoir 50 ans ou plus lui vaudra d'être mal vu, voire d'être écarté du marché. Ce n'est pas le cas en Amérique, où les hommes plus âgés sont appréciés, mais ici, en Espagne, c'est terrible.

Un autre facteur contribuant à l'exclusion des hommes d'âge mûr est la pandémie, qui a rendu les femmes plus casanières, et elles effectuent désormais toutes leurs interactions amoureuses en ligne.

Si l'internet était déjà assez compliqué auparavant, la concurrence est telle aujourd'hui qu'il s'est pratiquement effondré. Cela est dû au fait que tout le monde s'est mis à flirter sur l'internet. Ainsi, si vous avez 50 ans, la seule solution qui vous reste est de sortir et de flirter le soir, dans des pubs spécialisés pour les personnes d'âge mûr. Cela entraîne des efforts physiques et une perte de santé.

Sur Internet, c'est difficile, mais il y a quelque chose ! Ceux qui apparaissent sur l'internet à l'homme mûr sont généralement des femmes intéressées. Il semble que les femmes de tout âge veuillent ce qu'elles considèrent comme le meilleur, c'est-à-dire, dans de nombreux cas : jeune, riche, beau et gentil.

Des problèmes tels que l'âge, la pauvreté ou la laideur réduisent considérablement les possibilités.

Tout baser sur l'internet.

Quel que soit votre âge, ne basez pas tout sur internet, même à 90 ans il y a de la danse dans la salle des retraités, allez-y si vous avez 90 ans. C'est une grosse erreur de tout baser sur Internet, c'est l'erreur des gens qui sont à l'aise. Ils confient tout à l'internet. Comme l'a dit Groucho Marx - Celui qui fait confiance sera un jour payé - un jour, il sera payé, oui, mais tard. Ce média, comme je l'ai dit précédemment, s'est effondré parce que tout le monde s'est tourné vers lui et je ne dis pas que l'on ne peut rien faire, mais on fait beaucoup moins qu'avant. Il devient un piège, il faut l'utiliser comme un complément, pas comme le moyen principal.

Si vous travaillez dans un domaine où vous n'interagissez pas avec les gens, cette voie de conquête possible est réduite à néant.

Ce n'est pas la même chose de travailler comme animateur sur une croisière pour célibataires où tout le monde va pour s'amuser et baiser, que d'être un travailleur indépendant qui travaille toujours chez lui et qui n'a pas besoin d'aller dans un centre de travail ou de rencontrer quelqu'un. Cette façon de rencontrer des gens serait fermée dans votre cas et vous devrez vous déplacer pour rencontrer des gens en allant à : des cours, des activités, des gymnases, ou des endroits où vous pouvez rencontrer des gens facilement, parce que le travail ne vous aide pas du tout.

Amitiés dangereuses.

Il y a des amis toxiques qui vous inculquent leur mentalité défaitiste, ou simplement des envieux qui ne veulent pas être mortifiés par vos succès. Tout ce qu'ils feront, c'est de vous boycotter, d'anéantir vos espoirs et de vous décourager. Vos triomphes les rendent amers, ils se sentent comme de la merde parce qu'ils ne réussissent rien. Ces personnes doivent être chassées de votre vie pour que vous puissiez réussir. Si vous les laissez en place en leur inculquant leur toxicité, ils feront en sorte que vous les aimiez. Laissez-les partir.

L'absorbant fonctionne.

Il y a des gens qui sont totalement absorbés par leur travail et qui travaillent 12, 14 ou 16 heures par jour, et qui n'ont pas la force ou le temps de se consacrer aux loisirs et aux relations sociales. C'est ainsi et c'est très difficile. Avec de tels emplois, il est extrêmement difficile de séduire qui que ce soit. Comme je l'ai déjà dit, il faut faire tout ce qui est nécessaire et résoudre tous les problèmes, y compris ces emplois qui doivent être abandonnés pour de meilleurs. Vous pouvez tout faire, vous devez enquêter, vous devez oser faire tout ce qu'il faut pour résoudre la situation. Vous méritez d'avoir un emploi plus confortable et vous devez l'obtenir pour votre propre bien. Vous devez vous rendre dans un autre endroit, vous former à un autre travail, apprendre un autre métier. Éduque-toi et fais ce qu'il faut pour sortir de cet esclavage.

Le piège des relations actuelles.

De nombreuses personnes veulent séduire mais ont un partenaire, ce qui est très frustrant, car le partenaire ne sera pas satisfait de vos tentatives de rendez-vous et de flirt, et vous aurez une perte de liberté qui vous empêchera de concrétiser ce que vous essayez de flirter. Parfois, les personnes dans cette situation tirent dans un sens vers une relation sérieuse, et dans l'autre vers la séduction. Elles vivent dans la peur et les limitations. La peur constante d'être découvert, la peur de ce qu'ils diront lorsqu'ils rentreront chez eux. Elles mènent une vie très stressante qui ne porte pas ses fruits, sauf dans le cas des hommes sans remords qui ont des petites amies très permissives.

Besoin sexuel important.

Si vous avez un fort besoin sexuel, vous serez désavantagé. Vous aurez tendance à effrayer les filles par votre allure et vos fréquentes avances ou ouvertures sexuelles, qui sont le résultat de votre échauffement. Cela les rebute beaucoup. Vous ne pourrez pas interagir de manière détendue et calme parce que vous êtes trop conscient de l'enjeu. En agissant de la sorte, si vous n'êtes pas un formidable séducteur au sommet de sa puissance et que vous interagissez avec des filles extrêmement excitées, vous aurez beaucoup de mal à les attirer.

Traumatisme émotionnel dû à des relations antérieures.

Vous ne pouvez pas non plus vous lancer dans la séduction en étant amoureux de votre ancien partenaire, en ayant une estime de soi très abîmée parce que vous avez été blessé, en ayant peur de tomber amoureux, en ayant peur des filles en général, bref, avec des traumatismes émotionnels qui vous conditionnent et qui doivent être résolus avant de vous lancer dans l'interaction.

La solution à tout cela.

Malgré tout, je ne veux pas que vous sombriez dans le découragement, mais je veux que vous en soyez conscient et que, sachant quel est le marché naturel qui correspond à votre situation, vous preniez les mesures nécessaires pour pouvoir y réussir. Il y a toujours un marché, quel que soit votre âge et votre apparence, la question est de le trouver et de le travailler. Si nous constatons que l'internet s'effondre et que les femmes n'ont pas de mot pour la quantité d'offres qu'elles reçoivent, alors il faudra sortir la nuit, ou pratiquer le daygame. Toujours en action, il y a toujours un endroit où l'on peut se rencontrer et flirter.

Ce sont les problèmes, et maintenant la solution à tout. Nous, les séducteurs, ne nous résignons pas à ce que le marché naturel nous offre, mais avec un attrait impressionnant, nous déformons le fonctionnement normal du marché. Nous prolongeons notre durée de vie jusqu'à un âge avancé. Nous disposons d'une arme très puissante, l'arme la plus puissante de l'univers, le "fucking power".

Le putain de pouvoir annihile toutes ces limitations qui disparaissent complètement. Seule la putain de puissance demeure avec sa lumière puissante qui nous guide et nous montre le chemin.

Rien ni personne ne peut briser votre putain de carrière si vous avez ce putain de pouvoir.

Non seulement votre carrière ne sombre pas, mais elle s'élève avec défi et atteint les plus hauts sommets, quelles que soient les circonstances. Tout est possible.

Place au shagger !

Lorsque vous marchez dans la rue, vous vous sentez très puissant, le simple fait de marcher et de voir les gens que vous croisez vous fait prendre conscience de votre position privilégiée. Ils vaquent à leurs occupations. Des choses comme faire les courses, aller au travail ou promener le chien. Ces choses qui occupent la vie de chacun et auxquelles ils attachent tant d'importance ne vous affectent pas tellement. Oui, vous faites des courses quand vous avez besoin de quelque chose, mais vous ne promenez pas les chiens, vous n'allez pas au travail et personne ne vous donne d'ordres. Vous êtes libre. Vous vous occupez d'autres choses qui sont bien plus importantes pour vous et qui vous procurent une énorme satisfaction. Vous les voyez et vous vous dites : "Mais comment peuvent-ils vivre ainsi, sans illusions ni plaisir ?

Vous êtes cependant occupé par d'autres choses, vous vous apprêtez à aller directement chez l'une de vos filles pour la baiser. Ensuite, elle vous invitera à déjeuner et plus tard, dans la soirée, vous avez déjà pris rendez-vous avec une autre fille qui vous offrira un service sexuel très apprécié. Ce jour-là, vous n'aurez qu'à baiser, boire, rire et profiter des plaisirs qu'elles vous offriront. Et en plus, vous gagnerez plus d'argent qu'elles pendant que vous baiserez vos belles et gentilles filles. Et ce, grâce à votre émancipation du travail pour autrui et à votre sens de l'investissement.

Pourquoi certains vont-ils au travail fatigués et résignés et d'autres vont-ils de fête en fête, de femme en femme, sans travailler pour les autres, en s'amusant et sans responsabilités ?

Je vais vous le dire, parce que certains d'entre eux pensaient petit, se sentaient normaux et n'aspiraient qu'à cela, à la normalité, à avoir une petite amie, une famille, à se marier. Et en plus, presque tous ont échoué et se sont séparés. Pendant ce temps, d'autres se sentent spéciaux, meilleurs que les autres, appelés à de grandes choses.

La prise de conscience de notre pouvoir avant qu'il ne se produise, associée à un effort préalable inimaginable, à la fois dans la recherche d'informations et d'opportunités commerciales, ainsi qu'à un immense travail d'amélioration personnelle, nous ont donné les armes.

Tous ces efforts et toutes ces idées dans nos têtes se sont finalement matérialisés en armes puissantes. Des armes forgées après des années de travail mental et de pratique à l'échelle industrielle. Des armes qui nous permettent aujourd'hui de vivre la vie dont nous rêvons.

Pour avoir, il faut d'abord croire.

C'est pourquoi, parce que tu n'es pas comme les autres, parce que tu penses que tu es meilleur et que tu l'es, parce que même avec toute l'imagination de tous les autres réunis, ils ne peuvent pas soupçonner l'ampleur de ton triomphe, c'est pourquoi tu les vois d'en haut, en ayant un peu pitié d'eux.

À cette foule qui vous gêne et vous ralentit, vous avez envie de crier
-Faites place à l'enculeur !

Qu'est-ce qu'ils font là, sur le chemin ? Qu'est-ce qu'ils font pour vaquer à leurs occupations ? Ils ne voient pas le shagger s'approcher ?

Place au shagger !

C'est ainsi qu'il faut procéder, parce que votre tâche est importante, vont-ils donner du plaisir à une belle fille maintenant ? Non ? Alors laissez-les s'éloigner !

Vont-ils faire quelque chose d'épique, d'enviable ? Non, c'est tout !

Dégagez le passage, dégagez le passage, dégagez le passage, dégagez le passage ! Dégagez le passage et laissez vous passer.

Les gens devraient grouiller autour de vous et être excités de vous voir, ils devraient entendre : "C'est lui, c'est lui". Comme si vous étiez le chevalier médiéval revenant en ville, le héros aguerri, le sauveur de tous.

-Oh oui, c'est lui ! Que Dieu sauve le salaud ! Faites place au salaud !

! Faites place à l'enculé !

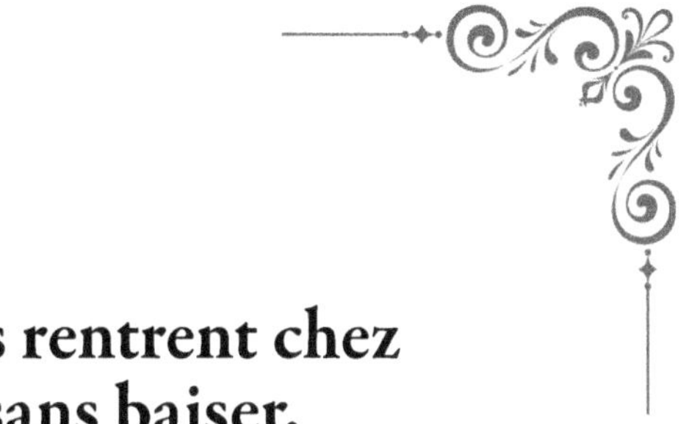

Les gens rentrent chez eux sans baiser.

Un soir, il y a longtemps, j'étais à Valence avec le "Matador" et l'autre grand séducteur, le soi-disant "baiseur de Valence", un type de 1,96 m, avec beaucoup d'aplomb, d'élégance et d'assurance. Il était fort, fort, dans son fief et donnait une classe de maître. Il était le numéro 1 de la ville, ce soir-là il était inspiré et a dit des choses très drôles. Là, dans le pub, entouré de deux ou trois filles, ses vraies fans qui le regardaient avec enthousiasme, il a remarqué que les gens commençaient à rentrer chez eux assez tôt.

L'homme s'est levé d'un bond et a dit.

- Les gens rentrent chez eux sans danser, les gens rentrent chez eux sans boire", puis, souriant malicieusement, regardant l'un d'entre eux, il dit la phrase suivante.

- Les gens rentrent chez eux sans baiser !

Nous avons tous ri et les filles ont été totalement séduites par cette phrase. Quel culot ! Quel pouvoir ! Plus de 13 ans se sont écoulés depuis et nous nous en souvenons encore.

Eh bien, les gens rentrent mal chez eux, sans s'être suffisamment amusés, sans avoir essayé et sans avoir baisé, ce qui lui paraissait très étrange, car ce n'était pas quelque chose d'habituel dans sa vie. Avec cette phrase insolente, il a fait comprendre qu'il voulait baiser l'une d'entre elles et que cela leur plaisait.

Il ne rentrait pas chez lui sans baiser. Enfin, si, mais dès qu'il arrivait, il baisait. D'autres partaient sans baiser et ne baisaient pas non plus à la maison.

Essayez bien de ne pas être comme ces pauvres hommes qui rentrent chez eux sans avoir pu s'envoyer en l'air.

La sélection naturelle.

C'est vrai, la nature n'a pas de pitié, elle est cruelle et sans pitié. Les animaux meurent tous les jours, les forts les mangent, peu importe s'ils viennent de naître, le prédateur les mangera s'il le peut.

Pensez-vous qu'il en soit autrement dans les relations humaines ?

Pas du tout ! Les puissants oppriment les faibles et jouissent de privilèges infinis.

Celui qui naît dans un foyer pauvre doit partir du bas de l'échelle et manque de presque tout, sauf de volonté et de détermination pour s'améliorer.

C'est l'arme des pauvres, la volonté. Et c'est une arme redoutable que les dirigeants redoutent, car lorsqu'il y a une volonté, il y a un chemin.

Les filles choisissent toutes celui qui est beau et charmant, qui couche avec beaucoup de femmes, les autres qui obtiennent une bonne part des femmes sont les riches et les puissants, et s'ils sont célèbres, c'est encore mieux. Les femmes leur sont offertes pour ce qu'ils ont et pour la vie qu'ils peuvent leur donner, pas pour ce qu'ils sont. Ces hommes, aussi répugnants qu'ils puissent être, auront leurs canons.

En fin de compte, ce sont les grands gagnants, et c'est pourquoi il est extrêmement méritoire pour l'homme moyen de gravir l'échelle sociale et de remporter de grands succès économiques, ou de devenir extrêmement séduisant grâce à sa personnalité attrayante, ou les deux à la fois.

Les vrais canons sont aussi impitoyables que le tigre ou le lion avec le lapin. Elles n'hésiteront pas à fixer les normes les plus élevées pour le commun des mortels et à vous mettre hors d'état de nuire.

Mais cela ne s'arrête pas là, nous nous transformons, grâce au pouvoir que ce putain de pouvoir nous donne, en quelque chose de bestial, un monstre qui s'attaque aussi sans pitié, et nous vainquons tout le monde et tout ce qu'il y a. Nous nous élevons tellement haut que non seulement nous atteignons ces normes très élevées, mais nous établissons nos propres normes, d'autres normes qui sont beaucoup plus élevées que les leurs et qu'ils ne seront jamais en mesure d'atteindre dans la vie.

Aucun d'entre eux n'est à votre niveau. Mets-toi bien ça dans la tête.

Aucune d'entre elles n'est à votre niveau, même si elles sont belles ou attirantes, aucune d'entre elles !

Ce qui se passe, c'est que même s'ils ne le sont pas, nous leur donnons leur chance, même s'ils ne la méritent pas, c'est pourquoi, parce que nous sommes gentils, parce que si nous exigeons vraiment d'être laissés seuls, c'est pourquoi nous ouvrons notre main et leur laissons le privilège d'être au moins pour un temps avec nous.

Dans le feu de l'action, vous verrez les autres prendre les femmes, les faibles d'esprit succomberont et repartiront vaincus, les forts résisteront à la pression et continueront la bataille, ou plutôt le massacre, le massacre que nous faisons.

Il faut être un combattant capable d'encaisser les coups sur ses pieds, qui n'abandonne jamais, un Rocky Balboa, qui continue à frapper à moitié mort.

Si vous persévérez dans l'idée que vous avez du succès, vous séduirez en masse.

Il m'est arrivé une chose assez drôle. Une de mes esclaves sexuelles, parce qu'elle n'était plus maîtresse, mais esclave, a rencontré des amis à moi que je lui ai présentés. Ces amis et moi avions fréquenté le même lycée, où nous nous étions tous rencontrés dans une classe, c'est ainsi que nous nous étions connus. Dans cette classe, il y a des dizaines d'années, il y avait aussi un gars très introverti et timide, qui même à l'époque nous semblait super timide et étrange. Cette esclave sexuelle m'a parlé de ses anciens amants et en a décrit un que j'ai immédiatement associé à cet homme. Il a finalement été confirmé qu'elle avait été la petite amie de cet homme super timide qui ressemblait à un Clark Kent, un homme séduisant mais qui avait totalement gâché son pouvoir à cause de sa timidité récalcitrante. Cela m'a vraiment frappé et j'en ai parlé à ces amis qui avaient partagé une classe avec lui et moi. L'un d'entre eux m'a écrit pour me dire ce qui suit.

-Le darwinisme sexuel à l'état pur.

Cela m'a bien fait rire, c'était comme ça, la sélection naturelle, les forts triomphent et les faibles succombent et sont oubliés. Le fort, moi en l'occurrence, la baisant sévèrement tous les jours, et lui l'abandonnant. Du pur darwinisme sexuel, la sélection des plus forts.

Cet homme l'a recontactée et lui a envoyé des messages constants pour qu'elle se rencontre à nouveau, mais elle était déjà piégée du côté obscur. Cette salope avait déjà un maître. Encore du darwinisme sexuel.

C'est comme ça que les plus forts s'en sortent et laissent les moins forts dans la merde, parce que chaque putain de nana a un baiseur comme moi. Si tu essaies de la draguer, plus tu essaieras, plus elle se donnera à son baiseur. C'est pour ça qu'il faut toutes les draguer, pas une seule. On ne peut pas se débarrasser de certains baiseurs.

Cet enseignement est l'un des plus difficiles à assimiler. Détendons-nous un peu et revenons à parler de vous et de vos armes, revenons à vous.

Vous n'avez pas une, mais deux armes.

- La volonté
- Le pouvoir infini que ce putain de pouvoir vous donne.

Celui qui développe le pouvoir de baiser a l'abondance dans tout ce sur quoi il se concentre.

C'est la vie, allez-vous vous contenter de toujours perdre ou allez-vous vous battre jusqu'à la mort ?

Tu vas être le baiseur ou l'imbécile qui l'appelle ?

Serez-vous leur maître ou leur admirateur ?

Dans d'autres corps, sous d'autres formes, dans d'autres temps et d'autres espaces, ils sont tous les mêmes. Il y a de très grandes différences mais l'essence est la même. Celui qui en a conquis une pour lui-même, pas pour l'argent, s'il médite bien sur ce qu'il a fait, il peut les séduire toutes.

J'en ai assez de baiser les copines des autres, de sortir avec des mecs pour faire la fête et de les voir rentrer à la maison dévastés par ce qu'ils ont vu. J'en ai assez de les écraser sans le vouloir et qu'elles ne veuillent plus sortir. C'est fatiguant d'être avec quelqu'un et de se faire appeler par son ex. Ces imbéciles abandonnés et leurs appels mélancoliques qu'ils passent pour s'apitoyer sur leur sort, pour voir s'ils reviendront vers eux. Décennie après décennie, je crée aussi des "cadavres d'amour" comme eux, des hommes qui se sentent ratés et qui abandonnent.

Ceux qu'ils estimaient tant et dont ils étaient si amoureux ont fini par devenir mes amants ou mes esclaves. À force d'être avec ceux dont elles sont tombées amoureuses et que j'estime très peu ou pas du tout, certains d'entre eux sont restés sans foi ni force, pure sélection naturelle. Mes esclaves ne partent pas même si j'ai baisé leurs amies, elles ont parfois des petits amis et trompent leurs petits amis avec moi, des petits amis qui passent l'un après l'autre sans me déloger complètement. Elles reviennent toujours au maître, celui qui est toujours là dans leur putain de tête. Celui qui leur donne des rires, des frissons et de la mauvaise vie, celui qui embrasse leurs amis devant eux, celui qui les largue et les laisse avec un autre dans leur putain de visage, le seigneur des ténèbres, John fucking Danen.

Il faut aussi être un faiseur de cadavres amoureux, laisser les gentils sans espoir, enlever la nourriture aux pauvres pour se goinfrer davantage. On n'arrive pas au sommet en rendant hommage à des gens médiocres.

La vie le veut ainsi, c'est injuste mais il faut bien que quelqu'un le fasse. Vous exterminez, vous achevez non seulement les filles, mais vous anéantissez aussi beaucoup d'hommes blessés par leur formidable échec, mais ce n'est pas de votre faute, c'est eux qui le veulent. Alors, qu'il en soit ainsi !

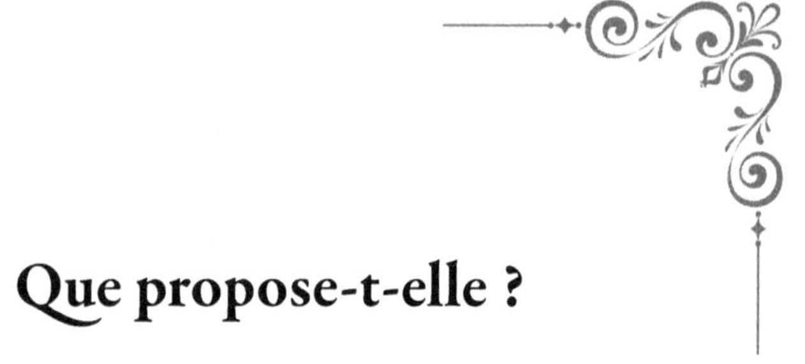

Que propose-t-elle ?

Qu'est-ce qu'elle offre ? Qu'est-ce qu'elle offre ? Dans la grande majorité des cas, elle offre sa beauté et, avec cela, elle pense qu'elle a suffisamment payé, ce qui justifie tout comportement intéressé ou abusif. On voit bien que l'homme offre des invitations et des cadeaux et qu'elle offre cela, sa beauté. Une beauté dont on peut profiter si on se comporte bien et qu'elle accepte de nous donner.

C'est ainsi que de nombreuses personnes pensent que l'échange devrait se faire. De l'argent contre de la beauté.

Si nous sommes dans une société prétendument égalitaire, qui ne l'est pas du tout, parce que nous, les hommes, sommes des citoyens de seconde zone qui doivent avaler les privilèges du romantisme, plus les privilèges du féminisme, eh bien, si nous sommes dans cette société, il est temps pour nous de nous défendre et d'opter pour le féminisme. Mais pas le féminisme qu'on veut nous vendre, le vrai féminisme. Nous allons leur faire payer pour tout, parce que nous payons depuis longtemps, maintenant nous allons leur faire payer pour l'égalité.

Est-ce qu'elles pensent que parce qu'elles sont belles, elles sont supérieures à nous ? Est-ce qu'elles doivent être invitées à tout ? Ces femmes qui prétendent être invitées juste parce qu'elles sont belles ou pensent l'être sont très anachroniques et doivent être remises au goût du jour. On a l'impression que l'homme doit être reconnaissant de les accompagner, qu'elles sont supérieures et qu'elles doivent être payées pour leur temps. Je ne nie pas qu'elles sont belles, qu'elles nous impressionnent et que nous voulons gagner leurs faveurs, mais en les invitant de la sorte, vous vous mettez en dessous d'elles et elles vous considèrent automatiquement comme un pourvoyeur, et non comme un homme intéressant.

Autrefois, l'homme travaillait, achetait la maison, la voiture, payait toutes les dépenses des enfants, et au moins la femme était un peu moins agressive qu'aujourd'hui. Elle était reconnaissante la plupart du temps, ils vivaient sans travailler toute leur vie en s'occupant de la maison et des enfants, ce qui est également difficile. Cela me semble obsolète, c'est ce qu'elles faisaient il y a de nombreuses années. À l'époque, on payait pour la beauté et on avait une mentalité de rareté. Il fallait s'attacher à tout ce que l'on pouvait obtenir. Aujourd'hui, les femmes travaillent, elles gagnent de l'argent, comment se fait-il que cette vieille coutume persiste ? Cela n'a aucun sens.

Au train où vont les choses, nous devons exiger qu'elles fassent un pas de plus dans leur féminisme. Elles ont été soutenues sans travailler pendant au moins la majeure partie du 20e siècle, alors si elles veulent être de vraies féministes, qu'elles nous soutiennent pour équilibrer les choses.

Bientôt, il n'y aura plus d'hommes machos. Les pauvres garçons sont dérangés par l'endoctrinement extrême auquel ils sont soumis par les pouvoirs en place, et beaucoup croient qu'ils sont homosexuels parce qu'on leur enseigne que c'est excellent. Ainsi, l'homme macho, dur, à l'ancienne, sera rare et très recherché. Nous deviendrons très appréciés par eux et par les invités. En outre, presque tous les hommes hétérosexuels ont peur et n'osent pas interagir avec elles, en raison des lois abusives à notre encontre. Nous, les séducteurs, devrions en profiter, car nous sommes attirés pour leur parler, nous sommes toujours les bienvenus, et maintenant nous sommes convoités. Il y a toujours des avantages dans les situations négatives.

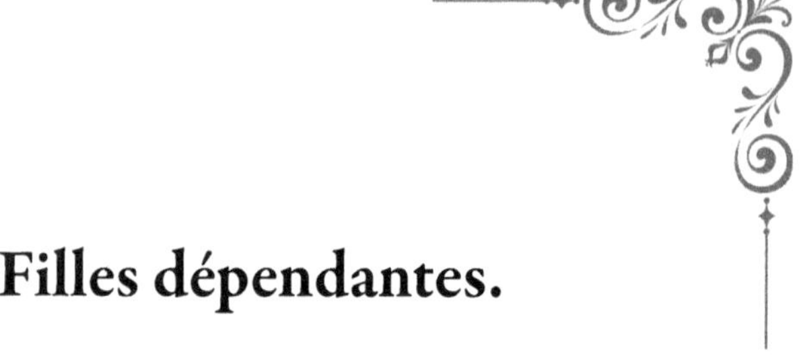

Filles dépendantes.

En observant bien les filles, on remarque beaucoup de choses. Il est particulièrement important de prêter attention à leur langage corporel. Le langage corporel indique leurs pensées, leurs peurs, leurs insécurités. Il y a des filles qui ont un regard languissant et triste et qui regardent le monde avec crainte. On peut dire qu'elles sont tristes et seules à leur regard, à la position de leur corps, qui est assez défaitiste, comme si elles étaient soumises. On voit que ce sont des filles qui n'ont pas beaucoup de caractère, qui ont besoin d'affection.

Vous pouvez également savoir si elle est confiante par ses mouvements, qui sont énergiques, par sa tête relevée, sa voix forte, son empressement à agir, sa volonté de prendre des décisions, en bref, vous pouvez dire qu'elle est confiante par son langage corporel.

Il y en a d'autres, comme je l'ai déjà dit, qui ne sont que cela : peu sûres d'elles, timides, craintives, timides. Ces filles dépendantes ont leurs avantages et leurs inconvénients.

Les avantages.

Elles vous laisseront beaucoup de temps libre parce qu'elles ont besoin d'affection et ne veulent pas être seules. Il ne faut pas en abuser car ces filles sont sensibles et souffrent beaucoup. Elles voudront vous faire plaisir dans le domaine sexuel et accepteront de faire ce que vous voulez de peur de vous perdre. La pudeur n'est pas totalement liée à leur langage corporel timide, et elles sont parfois surprenantes, mais la plupart du temps, elles manquent d'imagination en matière de sexe. Ce qui est bien, c'est qu'ils se laissent aller à faire des choses avec vous pour vous faire plaisir. Certains d'entre eux remarquent quelque chose et ce quelque chose vous dit qu'ils sont soumis au lit. Si je pouvais vous expliquer comment je le sais, je vous dirais que c'est un mélange de regards et de langage corporel, je les vois et je les imagine parfaitement dans un rôle sexuel de soumission et je n'ai pas tort. Ils sont parfaits pour le sexe et nos perversions.

Les inconvénients.

Si vous entamez une relation, quelle qu'elle soit, avec une de ces filles, il vous sera extrêmement difficile d'en sortir, car elles vous absorberont progressivement, et même si vous n'êtes pas très attiré par elles, ne leur faites pas confiance, elles vous piègent sans que vous le sachiez. Vous n'êtes pas attiré par eux à cause de leur extrême gentillesse et c'est cette gentillesse qui vous amadoue et vous fait tomber dans leur piège. Ce sont des pièges mortels, ce sont des gouffres mexicains, on tombe dedans et on ne peut plus en sortir. Attention, car bien que soumises et douces, elles sont collantes et vous colleront complètement. Il vous en coûtera beaucoup d'efforts pour en sortir, elles avaleront tout pour vous garder. Elles reviendront mille fois vers vous et toléreront l'infidélité et tout ce que vous leur ferez subir. Ils sont toujours là et à la fin ils passent tous et ceux-là restent, ceux auxquels vous n'avez pas prêté attention et que vous n'avez pas appréciés à leur juste valeur, ceux-là restent pendant des décennies, jusqu'à ce qu'à la fin, après avoir tant fait avec eux et leur avoir donné une mauvaise vie, vous finissiez par vous attacher à eux. Si la production baisse à cause de l'âge, ils seront là, ils ont été là pendant 20 ans à attendre leur chance et dans un moment de faiblesse, vous vous retrouverez à sortir avec eux, avec ceux que vous n'avez jamais voulu. Aussi bons soient-ils, ils peuvent devenir mous et vous pouvez vous retrouver plus endommagé qu'eux, car ils peuvent arrêter votre production.

Une fille sûre d'elle ne supportera pas les rabaissements et l'infidélité et rompra avec vous, ce qui vous permettra d'échapper à son piège, mais elles ont un piège profond. Vous pourrez peut-être les asservir sexuellement, car elles s'adapteront à ce que vous voulez, mais elles vous asserviront si vous n'êtes pas éveillé. Ne sous-estimez pas le pouvoir de la bonne fille, car vous risquez de vous retrouver piégé et très endommagé.

Il est préférable d'opter pour une fille un peu sexy, car vous aurez rapidement des conflits et beaucoup d'arrogance de part et d'autre, de sorte qu'ils ne dureront pas longtemps et que vous les aimerez davantage. De cette façon, vous êtes opérationnel plus longtemps.

Ces chulitas ont aussi leurs problèmes parce qu'elles vous plaisent davantage et que vous pourriez vous laisser attendrir et passer un mauvais moment. Elles ont donc toutes leurs avantages et leurs inconvénients, mais j'ai déjà dit qu'en réalité, à moins que vous ne soyez un tendre et que vous ne soyez surpris par une fille cool et séduisante, ce qui peut aussi arriver, les filles ternes et ennuyeuses auxquelles nous n'attachons pas trop d'importance, mais qui persévèrent et s'obstinent, supportant tout pour vous avoir, sont plus dangereuses.

Les derniers hommes.

Comme je l'ai dit il y a cinq ans dans Seduction 5.0, nous sommes les derniers hommes à séduire à la fin des temps. Ces paroles se sont avérées prophétiques car c'est la fin des jours de liberté et il n'y a presque plus d'hommes. Je l'ai vu très clairement en 2018 lorsque j'ai écrit Séduction 5.0, et le temps m'a donné raison.

Les derniers hommes sortent avec des manteaux longs et des lunettes de soleil dans la matrice et sont comme cela lors des dîners d'entreprise sans enlever leurs lunettes de soleil même à l'intérieur du restaurant.

Les derniers hommes éteignent leur putain de télé le jour de la fête des femmes pour ne pas regarder les conneries qu'ils diffusent.

Ces derniers célèbrent avec fierté et joie la Journée de la femme, le 28 mars.

Les derniers hommes n'obéissent à aucune médiocrité.

Les derniers hommes se font plaisir.

Ces derniers regardent avec arrogance et défi ceux qu'ils n'aiment pas.

Ces derniers pensent par eux-mêmes et ont leurs propres règles, celles qu'ils se fixent.

Nous sommes les derniers séducteurs de la fin des temps.

Trente ans.

J e ne sais pas par quel étrange phénomène, à 30 ans, on acquiert une conscience et une maturité impressionnantes. La beauté de la jeunesse s'unit à l'expérience, et une magnifique machine de séduction absolument imparable se forme. Tant que vous n'aurez pas atteint cet âge, vous ne serez pas au sommet de vos capacités. Les années de la vingtaine sont des années où l'on a beaucoup de beauté mais très peu de connaissances, où l'on manque d'expérience, de bagages de la vie, où l'on est très affecté par les échecs, où l'on a généralement peu d'argent et où l'on manque d'indépendance. Pour toutes ces raisons, vous ne pouvez pas bien développer vos armes et matérialiser le pouvoir que la jeunesse vous donne. Ne vous inquiétez donc pas, à partir de 30 ans, vous serez en mesure de réussir votre production de masse.

À trente ans, il n'y a plus d'excuses, il faut être en train de tuer le marché.

La vie au XIXe siècle.

La vie au XIXe siècle était étrange. À cette époque, les femmes n'avaient pratiquement aucun droit, elles ne pouvaient pas travailler, elles ne pouvaient pas voter, elles ne pouvaient pas faire grand-chose. Leur seule fonction dans la vie était de trouver un mari qui les soutiendrait et s'occuperait de la maison. C'était en effet une époque de machisme. Si elles avaient d'immenses limitations, elles avaient aussi le petit avantage de ne pas avoir à travailler à l'extérieur.

Tout n'était que puritanisme et pudibonderie et pour rencontrer une femme, il fallait aller dans les bals qui étaient organisés précisément dans ce but, pour chercher un mari, beaucoup d'entre elles étaient déjà courtisées par un homme à l'âge de 16 ans et le marché était pratiquement fermé à l'âge de 20 ans, un âge auquel toute personne qui n'était pas déjà mariée était mal vue et pratiquement rejetée comme invalide. Il fallait parler à ses parents pour pouvoir la courtiser, s'ils n'avaient pas déjà arrangé un mariage avec un autre garçon, et vous n'aviez rien à faire. C'était une société à deux vitesses où, d'une part, la pudibonderie était encouragée et où, d'autre part, il y avait beaucoup de bordels où les hommes exigeaient ce que leurs fiancées leur refusaient.

Il y a même eu une chose très étrange où les femmes allaient chez le médecin et où il leur enfonçait des vibrateurs dans la chatte, ou les touchait avec ses doigts à cet endroit. C'était pour guérir l'hystérie, dont je ne sais pas vraiment ce que c'est, mais qui était censée être une maladie et qui était soignée de cette manière. Le mari envoyait donc sa femme chez le médecin pour qu'il lui enfonce un doigt dans la chatte afin de la guérir. Ils enfonçaient leur doigt dans sa chatte jusqu'à ce qu'elle jouisse, ce qui était encouragé par le mari lui-même qui l'envoyait là pour être touchée par quelqu'un d'autre.

En général, c'était une époque bien pire pour eux comme pour nous. C'était tout ce qu'il y a de plus démonstratif, ridicule et pudibond. Elles et nous avons tourné la page.

Beaucoup d'hommes étaient des romantiques, des poètes, des galants et ils ne flirtaient pas du tout. Bien que je sois très attirée par l'esthétique de l'époque : les vêtements, l'élégance, les meubles, les couverts et les verres qu'ils utilisaient, je suis vraiment contente de ne pas y avoir vécu, ces temps ridicules étaient épouvantables.

Honnêtement, nous sommes bien mieux lotis aujourd'hui, même avec le féminisme.

Tirer le meilleur parti du temps.

C'est vrai, le temps passe très vite et le meilleur moment peut s'écouler sans que vous en profitiez pleinement. Selon moi, le meilleur moment pour les séducteurs se situe entre la fin de la vingtaine et la fin de la trentaine.

Beaucoup de gens se marient et passent dix, quinze ou vingt ans sans interagir avec les femmes, perdant pratiquement tout ce temps en matière de séduction. Si vous ne flirtez pas, vous lisez des livres, regardez des vidéos, apprenez d'une manière ou d'une autre, ou faites de la méditation. Vous devez tirer le meilleur parti de votre temps, chaque jour est nécessaire. Si vous ne pratiquez pas, vous perdez un peu de votre forme et, pour ainsi dire, vous abandonnez. Vous devez consacrer autant de temps que possible, parfois vous devez prendre des vacances après des périodes très exigeantes, mais en général vous devez toujours être prêt à l'action. Ne gaspillez pas vos meilleures années, elles ne reviendront pas.

Indépendance
économique.

Il est très difficile de faire quoi que ce soit dans le domaine de la séduction si l'on n'est pas financièrement indépendant et si l'on ne génère pas ses propres revenus. J'ai donc passé toute la décennie des années 20 totalement limitée à cause de cela. J'ai dû terminer mes études, ce qui m'a pris une bonne partie de ce temps, et pendant ce temps, je n'avais pas un seul euro à dépenser, enfin à l'époque c'était des pesetas. C'est à l'âge de 26 ans, lorsque j'ai commencé à travailler, que j'ai enfin pu faire beaucoup plus de choses, sortir beaucoup plus, dépenser beaucoup plus et avoir une vie bien meilleure. Avec une voiture, j'ai pu me déplacer dans mon environnement et apprendre à bien le connaître. Je pouvais aussi avoir de l'argent pour aller dans de meilleurs endroits, boire des boissons de meilleure qualité et faire ce que je voulais.

Tant que vous n'avez pas d'indépendance financière, vous devez vous plier à des règles familiales ridicules, vous ne pouvez pas sortir autant, vous n'avez pas de liberté, vous ne pouvez pas vraiment faire ce que vous voulez. Pour moi, cela a été une grande libération de gagner mon propre argent, ce qui m'a permis de devenir beaucoup plus indépendante et de faire beaucoup plus de choses. Tant que vous vivez chez vos parents, vous êtes limité. C'est lorsque vous quittez la maison que vous jouissez d'une liberté totale et que vous avez l'argent et l'espace privé pour commettre tous vos méfaits. Travaillez donc à cette liberté économique et à cette indépendance totale par rapport à la famille.

Et si vous êtes marié, ce que vous devez faire, c'est vous séparer pour pouvoir redevenir vous-même et disposer de votre temps et de votre espace. Si nous n'avons pas le temps, l'espace, la santé et l'argent, nous ne pourrons pas faire grand-chose, nous avons besoin de tout cela et de beaucoup de dévouement.

Faites tout ce qui est nécessaire.

Oui, monsieur. Celui qui veut atteindre un haut niveau de puissance doit faire tout ce qu'il faut pour cela. Il faut donc s'analyser et voir quelles sont ses faiblesses afin de les renforcer, et aussi essayer d'améliorer un peu ses points forts.

Si vous êtes gros, vous devez perdre du poids, si vous êtes timide, vous devez devenir plus sociable. Vous devez faire tout ce qu'il faut pour atteindre vos objectifs, bien sûr sans rien faire de barbare ou d'illégal, mais faites ce que vous avez à faire, disciplinez-vous, pensez aux avantages de votre décision ; ne pensez pas à l'effort que vous faites.

Dans cette vie, tout coûte cher, c'est pourquoi vous devez faire tout ce qu'il faut, vous devez vous sacrifier, souffrir et subir l'indicible, et endurer, et lorsque vous êtes désespéré et que vous pensez que cela ne vaut pas la peine de continuer à essayer, continuez. La vie est très dure, mais il est plus difficile de ne pas obtenir ce que l'on veut.

Rocky Balboa a-t-il reçu son titre en cadeau ? Bruce Lee est-il devenu un maître des arts martiaux en regardant la télévision dans son canapé ? Non ! Ils ont tous travaillé activement pour atteindre leurs objectifs et ils y sont parvenus. Et oui, ils ont souffert au point de pleurer de douleur, mais ils ont continué. La douleur et la souffrance mènent au triomphe.

Discours de motivation.

Je voudrais vous parler de quelque chose d'essentiel pour atteindre nos buts et nos objectifs : la discipline, le travail acharné, la souffrance et la douleur. Nous savons tous que la vie n'est pas facile et que nous devons souvent faire face à des défis et à des obstacles pour atteindre ce que nous voulons. Mais ce que beaucoup ne comprennent pas, c'est que ces obstacles ne sont pas la fin du chemin, mais des occasions de grandir et de s'améliorer.

La discipline est essentielle pour atteindre n'importe quel objectif. Vous devez avoir la volonté de continuer à avancer même dans les moments difficiles afin de ne pas devenir paresseux ou de ne pas remettre les choses à plus tard. Il est tout aussi important de travailler dur. Vous ne pouvez pas espérer réussir si vous n'êtes pas prêt à investir du temps et de l'énergie pour y parvenir.

Mais parfois, malgré tous nos efforts, les choses ne se passent pas comme nous l'aurions souhaité. Il est facile de se sentir accablé par la douleur et la déception de l'échec. Mais nous devons nous rappeler que même dans l'adversité, il y a des opportunités de grandir et de s'améliorer. La souffrance et la douleur font naturellement partie du processus d'apprentissage et sont essentielles pour atteindre nos objectifs.

Nous ne devons pas avoir peur de l'échec, car c'est souvent là que nous tirons les leçons les plus importantes. Le succès n'est pas toujours au rendez-vous à la première, à la deuxième ou à la troisième tentative. Mais si nous nous efforçons et continuons d'essayer, nous pouvons surmonter les échecs et atteindre nos objectifs. En fin de compte, lorsque nous atteignons nos objectifs après des années de dur labeur et de souffrance, nous sommes incroyablement fiers de nous. Non seulement nous réalisons ce qui semblait impossible, mais nous nous prouvons à nous-mêmes que nous sommes capables de résister à de terribles punitions et de surmonter l'adversité. Il y a de quoi se réjouir.

L'effet ikea.

Il s'agit d'un effet très curieux qui se produit et qui donne aux personnes disposant de peu de ressources un avantage sur celles qui ont beaucoup plus d'argent. Le millionnaire la sort et l'invite dans de bons restaurants, la conduit dans une belle voiture, l'emmène en voyage dans des endroits branchés et l'héberge dans de beaux hôtels. Il semble impossible de rivaliser avec lui sans disposer de ces énormes ressources financières, mais il y a un moyen. Vous pouvez battre le millionnaire qui l'emmène dans tous ces endroits coûteux si vous faites une chose magique.

Ce que vous devez faire, c'est l'impliquer dans ce que vous allez lui offrir. Qu'est-ce que je veux dire par là ? Par exemple, vous l'emmenez manger mais vous lui dites que vous allez cueillir des champignons, ou des fraises, ou des mûres, ou n'importe quel produit qui peut être obtenu librement dans la nature, cela peut être des fruits de mer ou des poires ou des raisins sauvages, c'est aussi valable pour la pêche ou la chasse. En résumé, ce qui se passera, c'est que vous, avec très peu de ressources, l'impliquerez dans le travail d'obtention de la nourriture que vous allez consommer, et elle préférera cela à la nourriture que lui offre une personne riche, parce qu'elle est impliquée, parce qu'elle y a mis du sien. Si vous l'impliquez également dans la recherche de bois de chauffage et dans la cuisson, ce qu'elle recevra aura bien meilleur goût que ce à quoi elle a simplement été invitée.

Il en va de même pour l'hébergement : elle préférera dormir dans un sac en montagne, dans une cabane ou un abri de fortune que vous

vous êtes fabriqué dans la nature, plutôt que dans un bon hôtel. Vous lui offrez non seulement des biens, mais aussi de l'aventure et de l'implication dans la réalisation des choses. Les choses qui coûtent de l'effort pour les obtenir sont bien plus précieuses que celles qui nous sont données, elles ont un goût de gloire parce qu'elles ont coûté de l'effort. L'effort, le dévouement, le frisson de l'aventure, le dépassement pour obtenir quelque chose de difficile, feront qu'ils apprécieront immensément plus ce qu'ils obtiennent que ce qu'on leur donne facilement et ils préféreront aller avec vous plutôt qu'avec les riches.

Vous pouvez aussi l'attirer sans grands moyens en voyageant, vous devrez vous déplacer en camionnette, vous devrez traverser des épreuves avec le froid, la peur, l'obscurité, devoir dormir très chaudement, faire le lit, trouver le bon endroit pour se garer, bref le frisson de l'aventure.

Ces ressources lui paraîtront merveilleuses parce qu'elle y a mis du sien et elles seront toujours préférées à quelque chose qui ne vous a rien coûté. C'est pourquoi on parle d'effet Ikea, comme pour les meubles Ikea que vous fabriquez vous-même. Vous accordez une grande valeur à ces meubles parce que vous avez fait l'effort de les fabriquer, même s'ils sont en fait tout à fait ordinaires.

C'est la même chose pour elles, ce qu'elles sont impliquées dans la réalisation a meilleur goût pour elles. L'homme qui leur procure ces émotions est préféré à celui qui leur offre des invitations coûteuses.

Pour que cet effet ikea fonctionne avec succès, deux conditions doivent être réunies :

1. La fille doit avoir le goût de l'aventure et être prête à relever des défis et des difficultés. Pour les filles très minces et à l'aise, ce n'est pas bon car elles ne veulent pas faire d'efforts. Par conséquent, s'il ne s'agit pas d'une fille qui s'implique vraiment ou qui ne veut pas être mal à l'aise, nous ne pouvons pas utiliser l'effet ikea avec elle.

1. Si l'aventure se passe finalement bien, parce que si vous allez

passer la nuit et que vous n'arrivez pas à bien faire l'abri et que vous avez terriblement peur et froid et que la nuit finit par être pénible, alors elle ne reviendra pas dans votre vie. Bien que cette peur les attire, une peur excessive serait néfaste. Si la peur est modérée et résolue avec succès, elle fera battre son cœur, sécrétera des hormones et sera chimiquement attirée par vous. Elle doit enfin bénéficier d'un bon avantage, d'un bon repas, d'un bon abri, d'une bonne nuit dans le van. Les nuits de merde et les repas inexistants ne sont pas bons.

Si vous avez tout bien planifié et que vous la motivez à vivre des aventures, vous bénéficierez de l'effet ikea et elle vous préférera à cet abruti qui la gâte avec des dîners coûteux. Toute fille qui s'implique vraiment, quelle que soit sa qualité, appréciera en fin de compte l'expérience réussie que vous lui offrirez.

Le paradis et l'enfer chez
les femmes.

Nous avons tendance à penser que les femmes sont une bénédiction, qu'elles sont le paradis sur terre en raison de l'énorme plaisir qu'elles nous procurent, mais nous ne pensons que très rarement aux problèmes qu'elles entraînent. Les jeunes hommes en particulier, qui ne voient pas plus loin que le sexe, sont totalement perdus et se livrent souvent à des femmes désagréables pour obtenir quelque chose de sexuel avec elles. Ce manque d'estime de soi est clairement inquiétant et nous devons y remédier. Une femme peut être un paradis, mais elle peut aussi être un véritable enfer dont il faut s'échapper. Ainsi, les hommes passent généralement par trois phases dans leur vie.

1. Je cherche une femme pour faire l'amour avec elle.
2. Tomber dans un piège qui n'est pas perçu comme tel.
3. Essayer d'échapper à ce piège, ce qui prend souvent des années.

C'est ce que m'ont dit des hommes de 42 ans lorsque j'avais 26 ans et j'ai réalisé, d'une part, à quel point ils étaient extravertis et, d'autre part, à quel point ils étaient pris au piège et s'ennuyaient dans leurs relations sérieuses. Ces hommes à qui j'avais donné un cours de marketing m'en ont donné un autre avec l'explication sympathique et simple qu'ils m'ont donnée sur les hommes et les femmes. Ils étaient gentils et m'ont un peu ouvert les yeux sur ce qui m'attendait.

Ils ont dit ;

Il y a plusieurs périodes dans la vie d'un homme, la première est celle où on les aime toutes", m'a-t-on dit.

-Et ils ont désigné l'un d'entre eux qui était un peu plus jeune et qui était accompagné d'une petite amie très excitée.

La troisième période est celle dans laquelle nous nous trouvons, c'est-à-dire celle où l'on les aime toutes sauf une, la sienne.

Excellente explication.

Cette explication correspond à ce que j'ai posté précédemment.

Au début, vous vous promenez comme un idiot en vous offrant à n'importe qui, puis vous vous attendrissez et tombez amoureux d'une personne qui, sur le moment, est peut-être géniale et le mérite, mais qui, à la longue, finit par devenir une véritable horreur à ses côtés. Plus tard, vous vous rendez compte de ce que vous manquez en étant avec elle et vous essayez de vous échapper, souvent en vain.

Il n'est pas nécessaire que la relation soit infernale pour que vous ayez envie de la fuir, la routine et l'ennui suffisent. D'autres sont infernaux, mais ils ne durent pas parce qu'ils causent tellement de problèmes qu'ils sont toujours seuls, parce que même Dieu ne peut pas les supporter.

Malgré cela, il y a des connards qui s'abaissent pour essayer d'en tirer quelque chose de sexuel, mais ils n'y parviennent généralement pas et s'en tirent mal.

En bref, soyez conscient des étapes et du fait que même la femme la plus merveilleuse et la plus extraordinaire finit souvent par devenir une nuisance dans votre vie.

Le féminisme toxique.

Toute la journée, on nous endoctrine contre les hommes, on nous fait croire que nous sommes des violeurs, des harceleurs, qu'ils veulent rentrer chez eux en sécurité, que s'ils le regrettent après avoir baisé, c'est qu'ils l'ont violée. Il n'y a que des privilèges et des avantages pour eux et une criminalisation pour nous, et en plus, ils disent que nous avons une masculinité toxique.

Ce que je dis, c'est qu'il existe une féminité toxique, qui n'a rien à voir avec la féminité, qui est le féminisme radical qui hait les hommes et qui nous met à genoux devant la loi pour le simple fait d'être des hommes.

S'il y a quelque chose de toxique, c'est bien le féminisme toxique, car ce n'est pas du féminisme, c'est du féminisme, c'est du féminisme, ce n'est pas du tout de l'égalité. Il y a des ministères entiers où il n'y a que des femmes et pas un seul homme, et ils appellent cela un ministère de l'égalité. Mais quelle sorte d'égalité est-ce qui ne s'occupe que des femmes ? Rien, c'est ce que nous appellerons le féminisme toxique.

Le paradis sur terre.

Le paradis sur terre, c'est sans aucun doute d'être libre, à la fois des relations amoureuses et du travail pour les autres. Avec ces deux choses, vous avez la tranquillité d'esprit, le temps et l'espace nécessaires pour bien développer votre carrière. Vous serez toujours libre de sortir, de faire la fête, vous aurez de l'argent, vous pourrez voyager, faire ce que vous voulez, et aucune femme ne vous prendra la tête. Vous deviendrez un homme séduisant qui vit sa vie à sa façon, et grâce à cela, plus toutes les connaissances qui viennent de l'expérience, et aussi -pourquoi ne pas le dire- de tout ce que j'enseigne dans tous mes livres, vous serez capable de séduire des dizaines de femmes et de vous amuser comme des fous.

Ne vous engagez jamais excessivement avec une femme et vous serez libre et baisable, vivant une vie merveilleuse. Veillez à ne pas vous faire baiser par une bonne femme. Si cela arrive, tu t'en souviendras comme d'un rêve, d'un paradis dans la vie, parce que même si les temps sont durs quand tu ne baises pas beaucoup, quand tu baises beaucoup, cela compense tout et c'est une chose merveilleuse. On a plus faim avec une copine que lorsqu'on flirte, mais beaucoup plus faim.

Le paradis sur terre, c'est d'être libre de tout emploi et de toute petite amie, et de coucher avec les très nombreuses femmes que l'on drague avec joie et bonheur.

Voyage dans le temps.

Vous pouvez voyager dans le passé ou dans le futur, c'est très simple et facile à faire. Vous voyagez dans le temps en ramassant une fille de 20 ans plus jeune que vous, puis vous retournez à l'époque de l'âge de la fille en question et vous vous rendez compte de la façon dont elle pense, de la façon dont elle est. Le voyage dans le futur peut également se faire en prenant une femme beaucoup plus âgée que vous, disons 20 ans de plus, et vous verrez alors à quoi ressemblera votre vie dans le futur lorsque vous aurez l'âge de cette femme.

Vous savez que vous pouvez voyager dans le passé ou dans le futur, je vous recommande de faire le premier.

Qui servons-nous ?

Cette question a plusieurs réponses selon le niveau d'approfondissement que l'on souhaite lui donner.

Au niveau philosophique et mystique, nous servons Dieu. C'est ce que nous faisons en tant qu'envoyés pour équilibrer le système. Nous servons également Dieu par notre joie et notre plaisir, car à travers lui, Dieu éprouve la joie d'exister, il est en nous et en toutes choses. Ainsi, en tant que création heureuse, le créateur fait l'expérience de la vie et se réjouit de notre joie de vivre.

Pour ce qui est des choses plus matérielles et banales, nous servons la société en faisant rire et en amusant de nombreuses jeunes filles,

Et enfin, d'une manière plus pornographique, bien que ce ne soit pas le seul objectif, parce qu'être producteur de sexe n'est pas seulement baiser, mais l'émotion de cette vie que nous aimons le plus, nous servons aussi notre bite bien-aimée, à laquelle nous cherchons le meilleur plaisir que nous puissions trouver.

Les maîtres de l'espace-temps.

En tout temps et en tout lieu, il y a toujours eu des maîtres de la séduction qui ont laissé la trace de leur enseignement. Beaucoup d'entre eux sont là, ignorés, sans savoir ce qu'ils ont fait. Vous devez rechercher et valoriser ces maîtres de l'espace-temps qui vous parlent du passé et vous montrent le chemin. Il ne suffit pas de connaître les bases, il faut aller plus loin, il faut prendre conscience, il faut se mettre dans leur situation et les comprendre complètement. Ces maîtres du passé sont plus maîtres que tu ne le penses, car ils ont vécu des situations beaucoup plus difficiles que celles qui existent aujourd'hui.

- Casanova
- Leonard Cohen
- Porfirio Ruibosa.
- Albert Camus.

Schopenhauer n'était pas un séducteur mais c'était un grand misogyne qui disait les choses très clairement. Moi qui crois aux coïncidences, j'en ai remarqué une énorme. Il a écrit un livre "Les femmes, l'amour et la mort" dont j'ignorais totalement l'existence et qui est presque identique dans son titre et son contenu au mien, "Les femmes, l'amour et le sexe". Il y a beaucoup à apprendre de cet homme. Je suis peut-être son continuateur, un continuateur moins éduqué mais avec beaucoup plus d'expérience pratique.

Ne suivez pas les célébrités et les acteurs, ils ont la vie trop facile.

Il y a aussi des chanteurs dont les chansons sont maintenant censurées ou cachées parce qu'elles montrent la méchanceté des femmes, et bien sûr, en ces temps où tout est louange pour eux, cela est perçu comme quelque chose de machiste et de rétrograde. Ce qu'ils ne veulent pas que vous sachiez, ils vous le cachent. Ils disent qu'elles sont toutes bonnes, qu'elles sont toutes des femmes, les meilleures, et que si nous protestons contre quelque chose avec raison, c'est que nous sommes sexistes. Je vous montre ces bonnes chansons.

Écouter :

Serpiente con tacón" (Serpent à talon) de Lorca

"Que la vie vous donne tout ce que vous méritez" par Xoel Lopez

"Mes problèmes avec les femmes" par Loquillo

"Les hommes" par Loquillo

"Retour au sexe chimiquement pur" par Ilegales.

"Savoir vivre" des clandestins

Les plus intelligents.

Non, Einstein n'était pas le plus intelligent, ni un cerveau qui a étudié et étudié et obtenu des notes incroyables, ni un astronaute, ni un génie des mathématiques. Sans aucun doute, le séducteur est le plus intelligent de tous les hommes. Y a-t-il quelque chose de plus intelligent que de baiser les filles les plus chaudes ? Je ne le pense pas. Je ne vais donc pas faire de commentaire ici, car je pense que c'est tout à fait clair et qu'il n'y a pas besoin d'explication.

Ils aimeraient pouvoir faire ce que nous faisons. Désolé d'avoir écrit si peu dans ce chapitre.

Développer un putain de pouvoir

Qu'est-ce que le putain de pouvoir ?

Le Fucking Power pourrait être défini comme la prise de conscience de son pouvoir infini. Il a deux sources :

Une conscience de soi qui passe par la prise de conscience de son pouvoir, de ses armes, de ses qualités, de ses réussites en tout genre, du plaisir d'être soi. C'est là que nous devons porter notre attention. En nous admirant, en nous enviant, en intériorisant mentalement les couches de notre personnalité, en visualisant notre vie merveilleuse, en sentant que nous sommes les meilleurs, qu'on ne peut pas nous arrêter. Si nous faisons cela constamment et puissamment, alors il arrivera que l'autre partie du putain de pouvoir sera attirée par vos pensées de bonheur et d'abondance et se manifestera.

L'autre partie est une source beaucoup plus puissante provenant de l'univers,

Cette conscience de votre propre pouvoir rencontre la conscience universelle, Dieu lui-même qui veut s'exprimer à travers vous. Vous l'attirez parce qu'il vous aime, parce que vous et lui ne faites qu'un. Vous vous alignez sur les forces divines. Cela se traduit par un pouvoir illimité en vous, un pouvoir conscient de lui-même qui veut matérialiser vos désirs dans le monde physique. Le putain de pouvoir.

Dieu est alors de votre côté, Dieu jouit de votre joie dans ce monde.

En un instant, il y a une révélation, vous savez avec une certitude absolue que tout ce pour quoi vous avez lutté va se matérialiser. Ce que vous étiez, vous ne l'êtes plus, vous vous sentez exalté de prendre conscience du triomphe qui s'annonce et du fait que vous possédez tout le pouvoir de l'univers.

Le Fucking Power est notre source de pouvoir, qui nous permet d'être ce que nous voulons être.

Détecter les fuites
d'énergie.

La puissance de la baise est attirée par votre travail mental. Chaque pensée positive, chaque méditation, chaque visualisation, chaque prise de conscience l'attire et l'emmagasine. Mais chaque fois que nous pensons de manière défaitiste, chaque fois que nous regardons les problèmes, les inconvénients, chaque fois que nous ne croyons pas en nous-mêmes, il y a une fuite énergétique et ce travail mental que nous avions fait et que nous pouvions dire que nous avions accumulé, subit une perte.

Notre travail mental

Doit être bien stocké

Pour cela, nous devons avoir un esprit solide, sans fuites d'énergie sous forme de pensées défaitistes.

Lorsque l'on a accumulé suffisamment de travail mental, l'explosion survient, la prise de conscience de son propre putain de pouvoir.

Comment développer la puissance de la baise ?

Pour développer la puissance de la baise, il faut effectuer quatre actions importantes et beaucoup d'autres actions qui sont également importantes mais un peu moins. Les actions les plus importantes sont les suivantes :

- Savoir ce que l'on veut.
- Croyez en vous et en la puissance de Fucking.
- Éliminer les croyances négatives.
- Sentir le putain de pouvoir

À cela s'ajoute une longue série d'autres actions que nous développerons dans cette section.

Savoir ce que l'on veut.

Si nous ne savons pas ce que nous voulons, nous n'arriverons à rien. Concentrez-vous donc d'abord sur la question de savoir ce que vous voulez devenir exactement. Réfléchissez à la façon dont vous voulez vivre votre vie, à la façon dont vous voulez être vous, aux comportements, aux attitudes, aux qualités que vous voulez avoir. Soyez clair à ce sujet, car si ce n'est pas le cas, tout ce que vous planifierez sera ambigu. Mettez-le par écrit et détaillez-le en profondeur.

Si un jour nous voulons draguer une fille pour qu'elle devienne notre petite amie et que le lendemain nous voulons draguer tout le monde et que trois jours plus tard nous voulons à nouveau une relation sérieuse, nous rendrons le pouvoir fou et nous n'y arriverons pas non plus.

On ne peut pas avancer si l'on ne sait pas où l'on va.

C'est ce que nous voulons

Croire.

Vous devez croire en vous, en vos capacités, en votre potentiel de réussite. Cette croyance ne doit pas être fissurée.

Vous devez également croire au putain de pouvoir, à votre pouvoir intérieur et au fait que ce pouvoir intérieur s'unit à la conscience universelle pour manifester ce que vous désirez. Cette croyance ne doit pas avoir de fissure non plus, vous devez croire fermement, si vous ne croyez pas en vous-même et si vous ne croyez pas au putain de pouvoir, rien de ce que vous ferez par la suite ne se matérialisera.

Croire en soi est la chose la plus difficile qui soit. Celui qui n'est pas totalement convaincu n'atteindra pas ses objectifs. Nous devons croire aveuglément, nous n'avons pas d'autre choix. Nous devons avoir l'illusion, la foi et l'espoir que grâce à notre travail mental, à notre dévouement, à notre pratique, nous atteindrons notre but avec l'aide de l'énorme pouvoir de la putain de puissance.

Éliminer les croyances négatives.

Pour éliminer les croyances négatives, rien de tel qu'une profonde introspection. Détendez-vous, respirez lentement et, une fois que vous êtes détendu, demandez à votre subconscient de vous montrer les moments où ces croyances négatives ont été instillées en vous. Faites-le plusieurs fois si ces moments n'apparaissent pas clairement la première fois. Une fois que nous avons vu quand, comment et par qui ces croyances nous ont été inculquées, nous devons utiliser la technique de l'écran pour réimaginer cette situation à l'inverse ; vous devrez d'abord leur pardonner ce qu'ils vous ont fait et ensuite remplacer ce souvenir négatif par votre visualisation positive. La personne qui vous a dit cela vous dit maintenant des choses beaucoup plus valorisantes et positives, vous la remerciez et vous vous sentez beaucoup mieux. Vous visualisez cela avec force pendant un certain temps et vous sortez de votre méditation très heureux parce que ce nettoyage des pensées négatives a été effectué.

Si vous ne savez pas qui ou comment ces idées vous ont été inculquées, ce que vous pouvez faire, c'est identifier les idées négatives que vous avez avant de commencer, puis les remplacer par une liste d'idées positives que vous voulez mettre dans votre tête. Toutes ces idées seront mises dans votre tête par une personne que vous visualisez, qui peut être n'importe qui. Cette personne vous dit d'effacer toutes les mauvaises choses dans votre tête et d'y mettre les idées positives qui vous rendront meilleur. J'utiliserais une figure paternelle ou maternelle, un frère ou une sœur, ou quelqu'un de très cher pour vous aider à inculquer ces idées.

Vous devez faire un travail mental important, à la fois pour identifier comment les idées sont arrivées là et pour imaginer les éliminer et les remplacer par des idées positives. Il est très important que, lorsque vous terminez votre séance de visualisation, vous sentiez que ces croyances négatives ont été effacées en vous, que vous croyiez vraiment qu'elles ont été remplacées et que vous l'extériorisiez en étant super heureux.

Sentez le putain de pouvoir.

La vie est très dure et vous souffrez beaucoup, et après tant de pertes et de frustrations, il arrive un moment où vous en avez marre, où vous ne vous souciez plus de rien et où vous ne vous souciez plus de gagner, de perdre ou de quoi que ce soit d'autre.

Vous vous libérez alors de l'obligation d'accomplir telle ou telle chose, vous commencez à faire ce que vous voulez, vous commencez à vous aimer, à vous réjouir, à vous sentir bien parce que vous êtes vous-même. À ce moment-là, vous vous retrouvez, vous vous libérez des pressions, des tensions, des exigences personnelles, vous appréciez vraiment le moment que vous vivez et vous en êtes conscient, et vous êtes heureux même si vous n'avez rien accompli. Dans ce moment de tranquillité d'esprit, un élément déclencheur peut se produire, quelque chose qui vous fait soudainement avoir une révélation. Vous vous sentez plus fort, vous aimez qui vous êtes et, d'une manière mystique et irrationnelle, vous ressentez un énorme bonheur parce que vous savez que de grandes choses vont arriver dans votre vie. Vous le sentez totalement, vous savez que cela va arriver et vous vous sentez super bien et puissant. C'est comme si vous preniez soudain conscience que vous avez le pouvoir et que vous allez le matérialiser. C'est comme si vous voyiez un avenir plein d'immenses succès. Vous êtes conscient de votre potentiel presque infini. Vous savez avec certitude que cet avenir magnifique est à venir et vous vous sentez dans un état de confiance sereine, de satisfaction totale. Lorsque vous ressentez ce putain de pouvoir, vous vous sentez super heureux d'être vous et vous savourez par anticipation tous vos futurs triomphes que vous savez être déjà là. Votre vie change à jamais et, à partir de ce moment, il n'y a plus de doutes ni de craintes, seulement la certitude que ce que vous avez ressenti se matérialisera. C'est cela, ressentir le Fucking power.

Fixez-vous un objectif.

L'objectif est différent du fait de savoir ce que l'on veut dans la mesure où l'on va pouvoir le verbaliser et le quantifier. Par exemple, nous voulons devenir un grand séducteur, c'est savoir ce que nous voulons. Eh bien, notre objectif pourrait être, au 1/1/2030, d'être capable d'entretenir une conversation agréable et fluide avec n'importe quelle femme, en générant une forte attirance. Si nous y parvenons, nous serons devenus ce que nous voulons être. Cet objectif peut également être quantifié en chiffres, comme le fait d'avoir réussi à draguer 180 femmes à cette date.

En général, l'objectif est plutôt d'atteindre un statut, une situation mentale, certaines capacités. Je dirais que l'objectif est le suivant : être conscient que je suis une personne très attirante et être capable de faire des interactions dont 33% se terminent avec la fille séduite ; un autre objectif pourrait être d'avoir 3 amants en même temps et une vie enviable à séduire des femmes d'ici 1/2/2028, par exemple.

Détermination et engagement.

Ensuite, nous devons être déterminés, penser que tout ce que nous avons à faire, nous devons le faire, parce que ce sera très profitable, que cela vaut la peine, que nous allons donner le meilleur de nous-mêmes, notre plus grand effort. Penser que nous sommes des gagnants et que le sommet est l'endroit qui nous correspond, de sorte que nous ne nous arrêterons pas avant d'avoir atteint nos objectifs.

Il n'y a pas de retour en arrière possible. Écrivez sur une feuille de papier que vous, untel, vous engagez corps et âme dans la tâche que vous voulez accomplir. Signez-le.

La poule pond des œufs pour se nourrir, elle est déterminée, mais c'est vraiment la vache qui pond le steak qui est engagée. Engagez-vous, sacrifiez ce que vous devez sacrifier pour atteindre votre objectif.

Analyser les moyens d'y parvenir et prendre les bonnes décisions.

C'est une partie très importante, il ne sert à rien de s'engager et de faire des efforts si l'on va toujours dans la mauvaise direction, si l'on rame à contre-courant. Plus on fait d'efforts, plus on dévie, il faut donc s'informer en analysant tout le contenu du réseau pour savoir ce qu'il faut faire pour atteindre son objectif, et si on le sait déjà, tant mieux, mais il faut s'informer un peu plus au cas où.

Ensuite, nous devons prendre des décisions et choisir une voie parmi la grande quantité d'informations dont nous disposons. Cette voie ne peut être empruntée sans une analyse approfondie. Il doit s'agir de la voie qui, nous en sommes convaincus, nous mènera à notre objectif.

Si nous prenons le mauvais chemin, nous n'y arriverons jamais et nous ne ferons que gaspiller des ressources, de l'énergie, du temps et de l'argent pour quelque chose de stérile.

Le bon chemin prendra beaucoup moins de temps et d'efforts que le mauvais. En peu de temps, vous commencerez à voir de petits résultats qui vous encourageront à poursuivre sur cette voie. La mauvaise voie sera semée d'embûches et d'obstacles et vous ne serez pas du tout récompensé.

Élaborer un plan.

Une fois que nous avons choisi une voie, par exemple le développement personnel, nous devons élaborer un plan pour acquérir les compétences nécessaires pour atteindre l'objectif. Nous nous fixerons des exercices quotidiens à réaliser, des défis, par exemple, tous les jours je vais aborder une fille, ou tous les jours je vais faire 50 pompes, ou tous les samedis je vais sortir dans des pubs et interagir avec des filles sans exception. Ou je vais entraîner ma dureté en me fixant une série de règles, comme prendre toujours six heures pour répondre à un message qu'une fille m'envoie, ou la contacter la cinquième fois que j'ai envie de lui parler. Ou encore, je vais m'entraîner à la joie et à l'amusement en m'obligeant à être le plus souriant et à avoir des pensées positives, ou en m'entraînant à sourire ou à regarder, par exemple,

Le plan peut comporter plusieurs sections :

- La robustesse.
- Charisme.
- Le langage corporel.
- Sympathie et charme.
- Formation.
- La pratique.
- La pensée positive.
- Visualisation

Pour chacun de ces domaines, nous mettrons en place des exercices pour développer chaque facette de ces qualités que nous voulons développer. Nous fixerons également des objectifs à atteindre et une date pour y parvenir.

Les objectifs doivent être progressifs, en commençant par des objectifs très faciles et en augmentant le niveau de difficulté, de manière à ce que la progression soit quelque peu motivante. Il est préférable qu'ils soient mesurables. Enfin, il convient de fixer des objectifs difficiles qui constitueront un défi une fois que les objectifs faciles auront été atteints.

Je ne vais pas vous dire quels aspects vous devez améliorer, car c'est à vous de le savoir, ni quels objectifs vous devez vous fixer, car c'est aussi à vous de le faire. Sur la base de cette explication, notez vos domaines d'amélioration, vos exercices et vos objectifs.

Disciplinez-vous.

Que serait devenu Arnold Schwarzenegger s'il ne s'était pas consacré corps et âme à travailler comme un forcené pour devenir M. Olympia ? Je suis sûr que la discipline a été son principal pilier, sans aucun doute. Tous ceux qui réussissent quelque chose dans la vie sont passés par ces phases dont je parle ici, la discipline est très importante. Nous ne pouvons pas enfreindre nos propres règles et ne pas faire ce que nous avons dit que nous allions faire. Notre parole est une loi, et même si cela demande des efforts et des sacrifices, nous devons le faire pour arriver là où nous voulons être. Il est très facile de rester confortablement dans l'échec, de ne pas se fixer d'objectif et de n'arriver à rien, mais je vous dis aussi une chose : quel genre de vie merdique est celle dans laquelle vous n'avez pas d'illusions et dans laquelle vous avez renoncé à être ce que vous voulez être ? Ce qui nous fait vivre, c'est l'illusion d'atteindre nos objectifs, et pour que cette illusion devienne une réalité, l'un des éléments les plus importants est d'avoir la discipline de faire ce que nous avons prévu de faire.

Pourquoi certaines personnes atteignent-elles un niveau très élevé dans les arts martiaux et d'autres pas ? Pourquoi certaines personnes atteignent-elles l'illumination et d'autres pas plus de cinq minutes avec la tête immobile ?

La réponse à tout cela n'est qu'une seule, la discipline.

Un moine bouddhiste prie depuis quatre heures du matin. Il fait ses exercices de gymnastique à un niveau étonnant. Il ne porte pratiquement pas de vêtements chauds par moins zéro degré, ce qui mortifie également son corps. Il passe la journée à prier et à méditer. Il pratique un régime alimentaire très basique et sain pour purifier son corps, entraîne son esprit et se consacre corps et âme à ses tâches de moine.

C'est de la discipline, il ne saute jamais un jour de sa routine et s'entraîne depuis des dizaines d'années.

Il finit par acquérir d'immenses pouvoirs.

Tout peut être atteint par la pratique persévérante et exigeante de n'importe quelle discipline.

Vous êtes aussi un moine, un moine sombre de l'Ordre des Ténèbres.

Instaurer des habitudes gagnantes.

La discipline mène à l'action, les actions qui sont déjà implantées dans notre tête deviennent routinières et nous n'y accordons pas beaucoup d'importance. Si nous prenons l'habitude positive, par exemple, de parler à une fille chaque fois que nous sortons, nous améliorerons nos compétences relationnelles, notre charisme et donc notre capacité à séduire.

D'abord, la pensée surgit, une pensée que nous voulons matérialiser, être séduisant par exemple. Cette pensée se matérialise par des comportements plus attirants, avec de la discipline ces comportements deviennent des habitudes, les habitudes donnent lieu à des résultats, les résultats de nos habitudes positives seront les filles liées.

Se sentir méritant.

Les objectifs, les plans et la discipline sont inutiles si vous vous sabotez en pensant que vous n'en valez pas la peine. C'est ce qui arrive à de nombreuses personnes, qui sont le principal problème d'elles-mêmes. Les personnes qui ne croient pas qu'elles méritent ce à quoi elles aspirent. Ces personnes s'auto-sabotent inconsciemment et cela les conduit à l'échec. Elles ont cette énorme croyance négative ancrée dans leur tête. Elles se sentent inférieures, elles veulent mais ne peuvent pas obtenir ce qu'elles veulent parce qu'elles pensent qu'elles n'en valent pas la peine ou qu'elles ne le méritent pas vraiment.

Il faut surveiller ses pensées, atteindre ses objectifs, c'est avoir l'autodiscipline de toujours penser correctement sans jamais se sous-estimer ou se dévaloriser. Au contraire, si nous devons pécher de quelque chose, c'est de nous surestimer.

Oui, j'en vaux la peine

Oui, je le mérite.

Jouer pour gagner en utilisant l'agressivité à son avantage.

Vous devez être furieux de ne pas avoir encore matérialisé ce que vous pensez mériter, et la rage de l'échec vous poussera à redoubler d'efforts. Dans la vie, tout est compétition.

Permettez-moi de vous donner un exemple. J'ai joué au frontenis toute ma vie, un sport de raquette plutôt agressif où la condition physique et la force sont presque aussi importantes que la technique. Je me suis rendu compte que lorsqu'on joue heureux et satisfait, on ne se surmène pas, on ne met pas trop d'agressivité, et on prend pour acquis le jeu auquel on joue sans trop se soucier de gagner ou de perdre. C'est lorsque vous commencez à perdre que vous devenez plus agressif et il est souvent trop tard.

Cependant, une fois, j'étais énervé, mais très énervé, et c'est à ce moment-là que j'ai dû jouer. J'ai dit à mon partenaire de se mettre devant et à moi derrière, ce qui est la position où l'on joue beaucoup plus et où l'on porte le poids du jeu. C'était à mon tour d'être devant, mais furieux de voir à quel point il avait mal joué la dernière fois, je l'ai repoussé et j'ai pris les rênes moi-même. J'ai joué tellement énervé que j'ai frappé la balle très fort, je n'ai pas accordé d'importance aux scores brillants que je faisais, et quand j'ai réalisé que j'avais gagné le match tout seul dans une exposition écrasante, tout cela parce que j'étais énervé, parce que je croyais que j'étais meilleur que les autres et que je le méritais totalement. Cette agressivité s'est incarnée dans le jeu.

Dans la lutte pour la vie, vous pouvez faire la même chose, vous battre avec acharnement. Le fait d'être dans la merde parce que tu n'as pas encore atteint ton but te pousse à redoubler d'efforts.

L'image de soi de la travailleuse du sexe.

Pour penser que vous le méritez, vous devez toujours avoir une haute opinion de vous-même et vous considérer comme une personne de grande valeur qui mérite tout.

L'image la plus valable que vous puissiez avoir de vous-même est la suivante, réfléchissez-y.

Je suis le meilleur.

Je suis le meilleur.

Je suis le meilleur.

Peu importe que vous ne le soyez pas encore, vous devez croire que vous êtes en passe de le devenir et que vous avez le potentiel pour être vraiment le meilleur dans le domaine que vous voulez, sur le territoire que vous voulez.

Si vous maintenez ce concept de soi dans votre tête avec une discipline ferme, il conditionnera toutes vos pensées, vos comportements et forgera vos habitudes, et enfin, il se matérialisera dans la réalité, en obtenant des résultats qui montreront que vous êtes vraiment le meilleur.

Les entreprises.

Si vous êtes en mauvaise compagnie, ces hommes inutiles ruineront vos tentatives par leurs performances médiocres et leur attitude défaitiste. N'acceptez pas la compagnie d'hommes médiocres, même s'ils prétendent être de grands admirateurs et flatteurs. Car peu importe le nombre de compliments et d'accolades qu'ils vous font, que vous apportent-ils vraiment ? Moins que rien.

Si vous voulez réussir, ne fréquentez pas ce genre de personnes, car sous l'artifice de leur soumission, elles cachent tout un arsenal : apocado, bravade, fantoche et mauvaise estime de soi. Qu'ils ont beau vouloir cacher et donner leur meilleure version, celle-ci existe et s'amenuise.

Les gens s'associent avec ceux qui ont leur propre estime de soi. L'union de l'un avec l'autre ne peut avoir qu'un seul résultat : la catastrophe ! Peurs, insécurités, embarras, vies médiocres. Ils instillent leur monde et leurs problèmes et même si vous pensez être en sécurité, ils vous affecteront.

Si vous donnez à un imbécile, ne vous attendez pas à recevoir quoi que ce soit en retour et ne pensez pas faire une bonne action. Chacun doit être à sa place. Les gagnants et les perdants.

Il n'y a pas de quoi être fier d'eux et ils ne vous représentent certainement pas. Une honte

Gentuza !

Visualiser.

Il faut utiliser l'écran mental dont j'ai tant parlé. Cet écran est très utile pour visualiser notre vie idéale, où nous nous comportons comme nous le souhaitons. Tout ce que vous visualisez sera accepté par votre subconscient comme vrai et lorsque vous serez dans cette situation dans la réalité, vous serez moins nerveux, parce que vous l'avez déjà vécue, même si c'est dans votre imagination. En fin de compte, le cerveau ne différencie pas très bien une chose de l'autre, le fait est que vous avez déjà une expérience, même si elle est imaginaire, vous vous sentez plus calme et vous avez tendance à faire ce que vous avez imaginé.

C'est pourquoi je recommande toujours le dépistage mental. Nous pouvons l'utiliser pour effacer les mauvais souvenirs qui créent des traumatismes ou des croyances limitantes. Pour ce faire, nous imaginons la personne qui nous a dit quelque chose de négatif en train de nous dire le contraire et de nous soutenir. Nous remplaçons ainsi l'ancien souvenir par le nouveau. Nous pouvons également utiliser l'écran mental pour imaginer notre vie idéale.

La première chose à faire est de se mettre dans un état de relaxation en respirant profondément. Lorsque nous serons dans cet état de relaxation, nous nous verrons de loin comme s'il s'agissait d'un écran de télévision, interagissant magnifiquement avec les filles. Nous devons tout percevoir : les odeurs, les sons, les sensations, le goût, le toucher, plus nous imaginons cela, plus il sera facile pour le cerveau de l'accepter comme réel. Là, nous nous comporterons merveilleusement et ferons ce que nous voulons. Ensuite, nous verrons la même chose mais à la première personne, nous serons à l'intérieur du personnage. Une fois que nous avons terminé cette visualisation, nous sortons dans notre vrai moi et nous terminons la session de visualisation. Lorsque nous aurons terminé, nous devrons sentir que ce que nous avons vu est déjà fait et nous sentir bien en pensant que cela se produira avec certitude.

Pour aller plus loin, je recommande la lecture de livres sur la programmation neuro-linguistique, qui sont très longs et lourds, mais la partie qui concerne ce sujet est intéressante.

Travailler très dur.

La discipline et l'habitude ne suffisent pas, si ce que nous faisons est fait de manière très légère et n'implique pas un grand effort, nous devons travailler très dur. Nous devons consacrer de nombreuses heures chaque jour à notre amélioration personnelle. Nous devons sortir de notre zone de confort, nous mettre mal à l'aise, être exigeants envers nous-mêmes, mais aussi être fiers de nos progrès.

Personne n'obtient quoi que ce soit dans la vie sans difficultés et sans souffrances, sans s'efforcer à tel point que rien d'autre ne compte pour lui et qu'il ne fait que cela. Nous devons concentrer nos efforts sur une seule chose, car si nous diversifions nos efforts, nous diviserons nos forces et nous n'arriverons à rien. C'est pourquoi, en dehors du travail, nous devons concentrer nos efforts sur une seule chose. Une fois ce domaine amélioré, on passe au suivant. Si l'on fait tout en même temps, la seule chose que l'on obtiendra, c'est de tout faire mal.

Par exemple, si vous étudiez en vue d'obtenir un diplôme, consacrez-vous aux mathématiques, puis, une fois que vous aurez appris les mathématiques, consacrez-vous à la comptabilité, puis à l'économie, et de cette manière, matière par matière, vous parviendrez à obtenir l'ensemble du diplôme. Si vous étudiez un peu de tout, vous serez faible en tout et bon en rien.

Concentrez vos efforts sur une seule chose.

C'est ce que je dis pour le développement personnel, mais pour les filles c'est tout le contraire, il faut se diversifier et ne pas se concentrer sur un point particulier.

Supporter les mauvais moments.

Magellan était un marin portugais qui a demandé l'aide des rois du Portugal pour trouver un passage vers le sud des terres nouvellement découvertes, l'Amérique. Il pensait que s'il trouvait ce passage, il pourrait atteindre les îles aux épices qui devaient se trouver derrière. Il ne le savait pas, mais une fois le passage trouvé, il devait remonter toute l'Amérique du Sud, puis traverser tout l'océan Pacifique, ce qui représentait des milliers de kilomètres, mais il pensait que les îles aux épices se trouveraient juste au-delà de ce passage. Il n'obtint rien de ses rois et dut aller demander de l'aide à l'ennemi, aux Espagnols. Ceux-ci la lui accordèrent avec une certaine méfiance à l'égard du Portugais qu'il était.

Sachant qu'ils se méfient de sa loyauté, il est bien plus loyal que les Espagnols eux-mêmes et il est déterminé et engagé à cent pour cent dans son objectif, qui est de trouver le passage par le sud de l'Amérique.

Magellan était déterminé à faire tout ce qu'il fallait pour atteindre son objectif, au mépris de sa propre vie et de celle de tous les marins. Pour lui, c'était la victoire ou la mort et il ne voulait pas rentrer bredouille, il essaierait jusqu'à la mort, il préférait mourir que d'échouer. Il est évident que cette détermination et ce mépris de sa vie n'étaient pas partagés par les autres marins et, compte tenu des énormes difficultés et vicissitudes qu'ils ont traversées, de nombreux marins se sont mutinés contre lui parce qu'ils étaient là depuis trois mois et qu'ils n'avaient rien trouvé. Il demanda aux meneurs de venir sur son navire pour discuter.

Le chef principal s'y rendit et, dès qu'il mit le pied sur le navire, il le fit arrêter et, sans autre forme de procès, lui fit trancher la tête devant tout le monde. C'est ainsi que se termina la mutinerie.

Cet homme a pris des risques, a fait des compromis, a fait tout ce qu'il fallait pour ne pas décevoir les rois d'Espagne, et a finalement non seulement trouvé un passage, mais a navigué dans tout l'océan Pacifique jusqu'à ce qu'il atteigne les îles aux épices. Sebastián Elcano a ensuite effectué le tour du monde par l'Afrique, ce qui était une première dans l'histoire. Au final, seule une poignée de l'équipage de 200 à 300 hommes est arrivée, dont 90 % sont morts.

Si cet homme méfiant n'avait pas été déterminé et ne s'était pas engagé à cent pour cent, au péril de sa vie et de celle de tous les autres, s'il n'avait pas entrepris les actions sauvages qu'il devait entreprendre pour y parvenir, l'Espagne n'aurait pas découvert le détroit de Magellan. Ce détroit porte aujourd'hui le nom de ce marin, qui a ouvert la route des épices et généré des richesses infinies.

Un engagement fort vous rend meilleur et rend les autres meilleurs aussi. Tout le monde sauf celui qui perd la tête.

On y apprend aussi qu'il y a toujours un lest qu'il faut lâcher pour arriver à ses fins.

Cet homme a supporté le moment critique et le succès en a résulté. Il y a toujours un moment critique où l'on est sur le point d'abandonner, ou où l'on abandonne vraiment. Ce moment se situe généralement juste avant d'atteindre le succès, lorsque vous avez fait tant d'efforts et que vous pensez que c'est impossible. Le succès est juste au coin de la rue, vous devez continuer encore un peu, même si vous êtes épuisé et que vous devez faire quelque chose de radical pour y parvenir.

Soyez flexible.

Nous devons être flexibles. Si nous nous rendons compte que nous ne sommes pas sur la bonne voie, que la décision a été mauvaise, nous devons avoir l'humilité de le reconnaître et de tracer une nouvelle voie pour atteindre ce but ou cet objectif. S'obstiner à poursuivre sans résultat sur une mauvaise voie nous conduira au désastre et au découragement.

C'est ce qui arrive à tous ceux qui ne changent pas leur mode de séduction et restent coincés dans le daygame, ou plutôt le diegame.

Celui qui analyse et change ce qui est nécessaire atteint son but.

Affirmations.

Le pouvoir de baiser se nourrit de pensées positives, de visualisations, de la prise de conscience de succès réels, de sensations qui nous viennent et aussi d'affirmations.

Pour que les affirmations soient puissantes, elles doivent être formulées à la première personne, c'est-à-dire commencer par "je", car nous nous identifions alors parfaitement à l'affirmation.

Ils doivent également être réalisés dans le présent, et non dans le futur, car le subconscient comprendra alors qu'un jour vous y arriverez, mais que vous n'y arriverez jamais parce que vous êtes toujours dans le présent.

Les affirmations seront toujours positives, jamais négatives, c'est-à-dire qu'elles ne contiendront jamais le mot "non" plus quelque chose que nous ne voulons pas qu'il arrive, car le subconscient ne comprend pas le "non". Ainsi, nous ne dirons jamais "je n'aurai pas faim", qui est au futur et contient le mot "non", mais "j'ai de l'abondance".

Les déclarations "Je suis" ont plus de pouvoir que les déclarations "J'ai".

Le "je suis" dit que vous êtes exactement comme cela, vous ne prétendez rien, vous êtes.

Exemples de bonnes affirmations.

- Je suis un homme séduisant.
- J'obtiens ce que je veux.
- J'ai un pouvoir énorme.

- Je ne fais qu'un avec ce putain de pouvoir.
- Ce putain de pouvoir est fort en moi.
- Le putain de pouvoir me guide.
- J'ai le pouvoir.
- Je suis le pouvoir.
- Je possède ce putain de pouvoir.

On se dira toujours ces affirmations à soi-même dans un état de relaxation afin que le subconscient puisse mieux les assimiler. Si nous les répétons pendant 21 jours, elles resteront gravées dans notre subconscient.

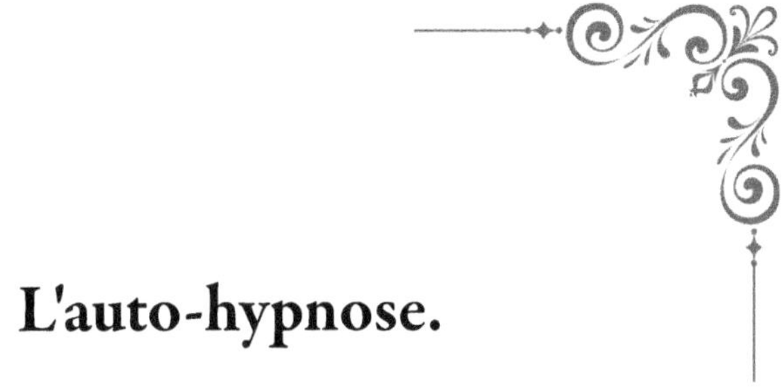

L'auto-hypnose.

Il n'y a rien de plus facile que d'enregistrer ces affirmations avec votre téléphone et de les préparer avec une musique douce, que vous pouvez mixer avec n'importe quel éditeur de son. De cette façon, nous pouvons créer nos propres audios subliminaux.

Si vous ne voulez pas faire ce travail, je l'ai déjà fait pour vous. J'ai fait quelques audios subliminaux pour vous donner du pouvoir, comme par exemple :

- Je suis la charmante canaille.
- Séduire sans limites.
- Devenez un mâle alpha.
- Éliminer les croyances négatives.
- Je suis le meilleur séducteur.
- L'attirance sexuelle.
- Maître de la séduction.
- Une confiance infinie.
- Qu'est-ce qui excite les femmes ?

Conscience et euphorie.

L e putain de pouvoir qui est en vous pourrait être comparé à la confiance en soi que vous avez. Cette confiance vient de la conscience de votre pouvoir et de la croyance en un pouvoir illimité qui vient de l'extérieur. On peut donc assimiler le fucking power à la confiance en soi, plus il y a de fucking power, plus il y a de confiance, mais ce n'est pas seulement de la confiance, c'est quelque chose de plus. Plus on prend conscience de son putain de pouvoir, plus il acquiert de la puissance.

Pour être conscient de votre putain de pouvoir, vous devez penser et évaluer toutes vos victoires de manière très positive. Vous devez vous pardonner vos erreurs et accorder un crédit très important à toute action positive que vous avez accomplie, qu'il s'agisse d'une manifestation dans un résultat ou d'une action bien menée.

Lorsque vous prenez conscience que vous êtes vraiment un grand séducteur et que vous croyez totalement à votre putain de pouvoir, il s'ensuit un sentiment de bien-être qui vous donne une sensation d'euphorie, vous savez que tout ce que vous voulez devenir va se manifester très bientôt.

Le point de rupture.

À la suite de tout ce travail, il arrive un moment où le point de rupture se produit. Permettez-moi d'expliquer cela plus en détail. C'est comme s'il y avait ce que les féministes appellent un "plafond de verre", vous montez de plus en plus haut mais il y a un point que vous ne pouvez pas franchir à cause de : peurs, insécurités, ou croyances limitantes que vous n'avez pas réussi à éradiquer, et dont vous n'êtes même pas conscient qu'elles sont là.

Eh bien, grâce à votre travail mental, à votre discipline et à votre plan de travail bien organisé, vous atteignez un niveau si élevé que vous heurtez cette vitre qui vous empêche de monter, vous la heurtez au point de la briser. À partir de ce moment-là, vous progressez beaucoup plus rapidement. À ce moment-là, vous bénéficiez d'une augmentation considérable de votre putain de pouvoir, parce que vous avez fait quelque chose de nouveau et de meilleur que ce que vous aviez fait auparavant.

Lorsque le point de rupture se produit, il n'y a plus de barrières et vous et le putain de pouvoir ne faites plus qu'un.

Vos performances s'en trouveront améliorées.

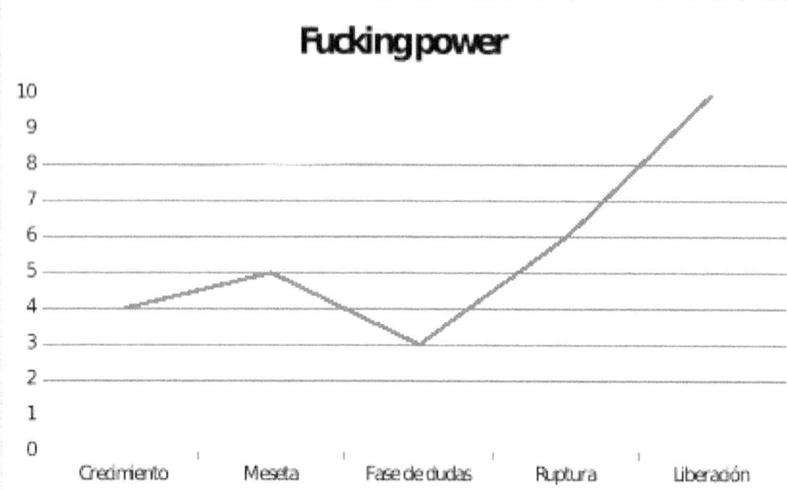

Il est probable que dès que vous acquerrez des connaissances et une formation, vous obtiendrez d'assez bons résultats et les atteindrez rapidement. Puis vous serez bloqué par le plafond de verre, vous aurez des doutes et vos performances diminueront. Mais comme vous ne pouvez pas abandonner, vous persévérez et regagnez de la puissance au point de briser votre plafond de verre dans une phase de récupération forte, et vous allez jusqu'au maximum, le niveau dix sur la putain d'échelle de la puissance. À ce niveau, le putain de point de rupture est la seule chose qui t'empêche de devenir l'enfoiré que tu mérites d'être. Décomposez-le.

Matérialisation.

À partir du point de rupture, les résultats se matérialisent immédiatement et tout vient en même temps.

Cette nouvelle fille que vous avez ramassée n'est pas arrivée par hasard, vous avez changé la réalité à votre avantage et elle s'est matérialisée pour vous. Plus vous matérialisez de filles, plus vous accumulez de pouvoir.

Le pouvoir de baiser est assez cumulatif, les vraies victoires font que ce pouvoir s'accumule et s'accumule, et que l'image que l'on a de soi ne cesse de s'améliorer. Ainsi, si vous avez déjà séduit une centaine de personnes, vous vous considérerez toujours comme un grand séducteur, et votre pouvoir de baiser ne diminuera pas si vous vous considérez comme un séducteur qui a réussi à séduire une centaine de personnes.

Une autre partie de ce putain de pouvoir est variable, et en fonction de votre confiance en vous et de votre croyance dans le pouvoir divin que vous avez, cette partie peut monter ou descendre, l'autre partie monte toujours.

Il arrive un moment où le putain de pouvoir est si puissant que vous n'avez plus besoin d'y réfléchir, vous lui faites confiance aveuglément.

Prenez conscience de votre nouveau pouvoir.

Après chaque matérialisation, vous recevez une forte dose de putain de pouvoir et vous devez faire une méditation profonde pour devenir bien conscient de votre nouveau statut. Cette conscience de votre putain de pouvoir vous donne à son tour plus de putain de pouvoir que la victoire elle-même.

N'oubliez pas, après chaque victoire, de vous récompenser et d'être bien conscient du grand triomphe que vous avez remporté.

Faire l'expérience du pouvoir.

Connaissant votre nouveau pouvoir, vous devez l'utiliser à bon escient. Vous faites donc des actions plus audacieuses et plus courageuses, qui vous donneront de meilleurs résultats parce que vous êtes en pleine possession de votre putain de pouvoir, et cela vous donnera de nouveaux et meilleurs résultats, qui à leur tour augmenteront encore plus votre putain de pouvoir. Vous entrez dans une spirale gagnante avec des poussées constantes de puissance. Lorsque vous avez le putain de pouvoir avec vous, vous devez interagir beaucoup parce que vous portez le pouvoir divin.

Les vagues de ce putain
de pouvoir.

C'est vrai, ce putain de pouvoir fonctionne par vagues. Il y a des hauts et des bas. Les vagues peuvent être petites ou grandes, de sorte que les résultats obtenus varient considérablement. Dans l'univers, la lumière est à la fois une onde et une particule, et pratiquement toute la matière est composée d'énergie et d'ondes. Le putain de pouvoir se manifeste ainsi. Des moments de montée et de descente. À la fin, tu auras tout ce que l'univers t'a attribué. Si vous n'avez pas surfé sur une vague aussi haut que possible, vous surferez sur la suivante. Si vous avez laissé filer plusieurs vagues, tant pis, car une partie sera compensée plus tard, mais pas la totalité.

Les vagues sont maîtrisées si vous y mettez votre détermination et votre dévouement. Si vous le faites, vous atteindrez toujours votre pleine puissance. C'est pourquoi, pour ne pas rater les meilleures vagues, vous devez toujours vous consacrer à la tâche et être dans de bonnes conditions de combat.

Il est également important de savoir qu'une grande vague viendra, une vague qui prend des proportions monstrueuses après plusieurs années de hausse. Une vague qui déferle ensuite avec force. Ainsi, par exemple, j'ai surfé sur la vague de 1995 à 2003, date à laquelle j'étais sur la crête de la vague. Cette vague monstrueuse qui a mis huit ans à monter s'est brisée en une seule année et la vague suivante s'est brisée à nouveau.

J'ai déjà eu sept vagues, je suis sûr qu'il y en a au moins dix. Il vous faudra des décennies, voire 50 ans ou plus, pour les attraper toutes.

Croyez-moi, parfois, lorsque vous êtes entre deux vagues et que vous avez l'impression que rien ne marche et que vous désespérez, vous devez aiguiser votre perception et sentir la putain de puissance qui arrive. D'abord, vous le sentez et ensuite il se manifeste. Il ne suffit pas de le vouloir, lorsque vous le sentez, vous le savez à coup sûr. Si vous l'avez sentie rapidement, la prochaine vague arrive. Le flirt, c'est comme le surf. Lorsque cette vague arrive, toute la période d'attente disparaît complètement, vous en profitez énormément et vous réalisez que tous les efforts en valaient la peine.

Ancrages.

Lorsque vous ressentez le putain de pouvoir, ce sentiment de pouvoir peut être ancré dans un geste. Ainsi, lorsque nous avons besoin de ce putain de pouvoir, nous faisons ce geste et nous obtenons le pouvoir. J'ai appris cela en étudiant la programmation neurolinguistique, mais aussi par la pratique pure et l'expérience de la vie.

Une fois, j'étais en route pour Orense et j'avais rendez-vous avec deux filles sexy, pas une mais deux. En chemin, elles m'ont appelé et j'ai remarqué qu'elles étaient très impatientes de me voir et excitées. Après avoir raccroché le téléphone, j'ai regardé ma montre et j'ai ressenti un sentiment de puissance, que ma vie était enviable, alors cette putain de puissance était ancrée dans la montre. Désormais, je me promène toujours avec une belle et élégante montre.

Vous pouvez ancrer ce putain de pouvoir à d'autres choses, à un geste, à une position des doigts, à ce que vous voulez. Grâce à l'ancrage, vous pouvez ressentir une grande partie du fucking power en faisant le geste qui l'ancre.

La douceur qui est la source de tous les maux.

Enfin, dans cette section, je parlerai de la douceur. Je considère la mollesse comme la matérialisation des croyances limitantes. Si nous avons la croyance limitative qu'ils sont meilleurs que nous, ou que nous avons trop besoin d'eux, alors nous commettrons une mollesse qui se manifestera dans nos paroles, nos gestes, nos comportements, et dans une disponibilité stupide qui limitera nos possibilités de réussite.

Cette mollesse est en partie inculquée par la société, avec des films et des chansons ridicules qui font l'éloge des femmes. L'idée véhiculée est que sans relation sérieuse, on n'est rien, et qu'il est donc bon de s'humilier et d'insister, et d'aller la chercher en la suppliant comme un imbécile.

Quoi qu'il en soit, j'ai déjà beaucoup parlé de cela ailleurs, et j'aimerais ajouter que même si vous pensez que vous êtes à l'abri de la douceur, le pouvoir féminin est grand, et une chose est ce que vous dites que vous allez faire et une autre ce que vous faites quand vous êtes avec elle. Vous ne vous voyez pas, mais vous êtes beaucoup plus doux que vous ne le pensez. Je le sais d'après les amis que j'ai vus interagir avec et sans la fille. Sans la fille, ils se disaient indépendants, froids et détachés, et avec la fille, ils semblaient la dévorer de baisers, totalement dévoués à elle.

On peut donc dire qu'il y a deux duretés, la dureté mentale et la dureté que vous manifestez. C'est cette dernière qui compte, car c'est ce qu'ils voient. Il ne doit pas y avoir d'écart entre votre dureté mentale et votre dureté manifestée.

La dureté est combattue par la dureté, la dureté consiste à ne pas se préoccuper de quoi que ce soit et à ne pas réagir ou se plaindre de quoi que ce soit, mais à l'ignorer.

Sur le terrain.

Le temps de la séduction.

Je ne vais pas expliquer toutes les étapes de la séduction parce que je l'ai déjà fait dans de nombreux autres livres, je vais expliquer deux choses que je veux seulement développer : le moment de la séduction et le détecteur.

Le timing de la séduction est très simple, après le jeu interne, nous entrons sur le terrain de jeu réel. Là, tout d'abord, nous devons émaner nos qualités, cela se fait de manière subliminale, simplement par notre langage corporel et notre regard confiant et sûr. Nous activerons le détecteur, une fois la fille sélectionnée, nous passerons à la phase d'entrée avec énergie, dynamisme, humour et sécurité, puis nous maintiendrons la position avec les caractéristiques développées dans la méthode JD, et enfin nous passerons à la conclusion, en utilisant ou non l'insolence, mieux vaut ne pas l'utiliser.

Nous sommes constamment en train d'émaner car cela se fait inconsciemment et ne demande donc pas de temps ni d'effort. Une fraction de seconde suffit pour que la fille perçoive nos qualités. Ce qu'il faut, c'est que le détecteur soit bien activé. Dès que l'on voit une fille que l'on juge apte à être séduite, on fonce. La séduction est une affaire de quelques fractions de seconde, souvent vous êtes présélectionné par votre bonne émanation, et tout le déploiement est quelque chose qui doit être fait comme une formalité, mais qu'en réalité la pièce est déjà réalisée avant que vous ne parliez. D'autres fois, il s'agit d'un morceau sur lequel nous devons travailler plus dur, et c'est là que la méthode JD et le déploiement entrent en jeu. La clôture est également une question de dixièmes de seconde.

En somme, une séduction bien faite a besoin de deux ou trois secondes utiles, le reste consiste à compléter, à donner à la fille le temps de se sentir à l'aise et de se laisser aller. Si la fille est plus difficile, oui, cela peut prendre du temps, mais du temps pour remplir, du temps pour la mettre à l'aise. En général, vous avez besoin d'environ dix secondes maximum pour séduire une femme, ces dix secondes sont les bons regards, les bons touchers, les bons gestes. Ces dix secondes sont les bons regards, les bons touchers, les bons gestes. Ensuite, il faut compléter le temps avec toutes les attitudes de la méthode JD.

Le temps de séduction est très rapide et les baisers sont souvent obtenus en moins de 30 secondes.

Le détecteur.

Ce point est d'une importance vitale, car de nombreuses personnes échouent parce qu'elles ne parviennent pas à détecter la présence d'une femme. Dans ce cas, les chances diminuent considérablement et vous devez travailler plus dur. Si nous parvenons à régler le détecteur et à voir quelles filles sont aptes à entrer, nous gagnerons beaucoup de temps et nous serons mieux accueillis, ce qui renforcera notre confiance. Nous devons être comme un sniper qui sélectionne bien son tir et qui, à chaque fois qu'il tire, tue. Pour ne pas rater les femmes que nous entrons et pour nous épargner tous ces moments d'efforts infructueux, nous devons développer le détecteur en entrant les filles que nous recherchons :

- Ils nous regardent, c'est la chose la plus importante, une femme qui regarde, une femme qui entre.
- Ils sont ouverts d'esprit.
- Ils observent leur environnement.
- Ils sourient.
- Ils font des mouvements provocateurs, ce n'est jamais par hasard.
- Souvent, des filles viennent vers nous, se tiennent à côté de nous, se frottent l'une à l'autre, se heurtent l'une à l'autre, elles conviennent, ce n'est pas une coïncidence non plus.
- Les danseuses amusantes peuvent être approchées en dansant avec elles sans autre forme de procès.

- Les filles qui font des gestes de flirt comme :
  - Montrez les poupées.
  - Humidifier les lèvres avec la langue.
  - Toucher les cheveux.
  - Montrer le cou.
- Le geste le plus important est qu'elles regardent, si vous en voyez une qui regarde, souriez-lui et allez lui parler.

Si vous n'en trouvez pas, redoublez d'énergie et d'amusement, mais cherchez la clé pour que votre entrée ne soit pas perçue comme un "flirt". Dites quelque chose de drôle sur l'environnement dans lequel vous vous trouvez. Notre esprit, notre capacité à faire la conversation et à leur faire passer un bon moment, l'émanation de nos qualités attrayantes, attireront ceux qui étaient initialement neutres à notre égard.

Le détecteur est la partie la plus difficile à expliquer pour moi, car il ne se développe qu'avec la pratique. Ce sont donc souvent de petits gestes, à la microseconde, qui le révèlent : un regard légèrement différent, un sourire légèrement différent, une lueur dans les yeux, qui vous donnent l'indice que vous lui plaisez.

Les femmes changent de voix et de regard en fonction de la personne qui les approche. Si elles veulent que vous soyez avec elles, elles sont très sensuelles et vous le remarquez immédiatement. Quand les femmes veulent que vous soyez avec elles, elles vous touchent davantage, se rapprochent et sont beaucoup plus gentilles. Observez leurs gestes, observez d'autres personnes qui flirtent et voyez comment elles se comportent, vous en apprendrez presque autant que si vous flirtiez vous-même.

Avant d'aller lui parler, vous devez également vous faire une image mentale rapide de la personne : quel âge a-t-elle ? Taille, poids, profession, proportions, comment s'est déroulée sa vie ? Est-elle heureuse ou non ? Est-elle romantique ou non ? Est-elle une tante qui a passé une nuit difficile ? Tout cela se voit à son apparence, à son langage corporel, à ses vêtements et à son regard.

Au fil du temps, vous pouvez détecter les filles qui ont besoin d'affection, celles qui sont arrogantes et coincées, et celles qui sont attirantes et qui nous aiment ou peuvent nous aimer sans trop d'efforts.

Il est très grave de fréquenter des femmes désagréables ; au lieu d'améliorer vos capacités, cela peut les aggraver, car cela peut vous faire perdre le moral. Espérons que rien de tel ne vous arrive, que votre force intérieure est magnifique et que rien de ce qu'elles disent ou font ne vous affecte.

Le détecteur permet de lire à froid une femme et de tout savoir sur elle avant de lui parler. Le détecteur vous permet de visualiser ce que sera l'interaction, mais aussi ce que sera la relation à long terme et comment elle pourrait se terminer. Le détecteur est une fenêtre sur l'avenir que vous devriez examiner avant de vous engager dans une relation. Le détecteur vous permet de voir s'il est opportun d'entrer dans une relation. Parfois, les filles que vous savez pouvoir draguer ne le font pas, parce que vous savez qu'elles vont vous causer beaucoup d'ennuis à cause de leur façon de se déplacer, de leurs gestes, de leur attitude. Le détecteur est l'une de nos armes les plus précieuses, c'est comme une boule de cristal qui nous permet de voir l'avenir.

La meilleure façon de le développer est votre propre expérience, et vous n'aurez pas assez d'expérience tant que vous n'aurez pas au moins 30 ans et que vous n'aurez pas passé chaque putain de jour à flirter. À cet âge, j'ai commencé à développer le détecteur grâce à des milliers et des milliers d'heures d'interaction. Interagissez comme des fous et un jour, votre détecteur se mettra en marche et vous dira ce qu'il faut faire, dans lesquelles il faut entrer et comment y entrer.

Une fois validé par le détecteur, si le détecteur est réglé et que votre putain de puissance est élevée, il suffit d'y aller et la putain de puissance chargera la pièce.

Mystique

Trance.

Il est possible d'atteindre l'état de transe dans cette vie de différentes manières :

1. Écouter attentivement de la musique.
2. Concentrez-vous sur le rythme d'un tambour.
3. Danse frénétique sur des rythmes percutants.

Grâce à la transe, vous serez envahi par une euphorie qui vous permettra de mieux prendre conscience de votre pouvoir de baiser.

Si vous dansez, ne soyez pas conscient d'elle, utilisez cette danse pour entrer dans une transe séductrice.

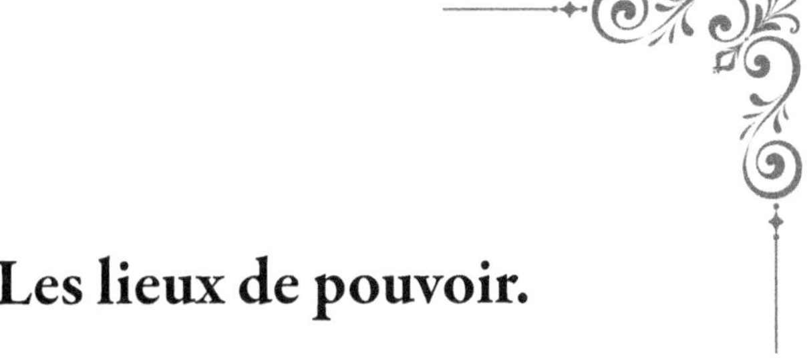

Les lieux de pouvoir.

Il y a des endroits où il y a des énergies telluriques qui devraient être exploitées pour acquérir plus de puissance. Les montagnes sont des lieux de pouvoir par excellence. Elles ont toujours été un lieu magique. La position de supériorité qu'elles vous donnent est très grande et vous êtes plus en contact avec le ciel lui-même.

Pour être profond, il faut regarder à l'intérieur de soi. S'isoler de tout est une bonne idée. C'est là qu'allaient les ermites, les anachorètes. Chercher la paix et le silence nécessaires à l'écoute de soi.

Un autre lieu sacré est ce que j'appelle les rochers du pouvoir. Dans chaque montagne et chaque forêt, il y a toujours un rocher, parfois haut de plus d'un étage, que l'on peut escalader et qui permet d'avoir une bonne vue sur les environs. Ce rocher se distingue des autres, son accès est difficile et son ascension encore plus difficile, mais une fois arrivé au sommet, il est pour moi comme un sanctuaire où la magie de la putain de puissance peut se réaliser.

Cette magie qui consiste à créer le désir dépend de votre conviction que vous obtiendrez ce que vous demandez, et j'y crois toujours. Vous l'obtiendriez même si vous n'étiez pas sur un rocher de pouvoir. Mais c'est toujours mieux sur le rocher de pouvoir parce que vous vous sentez comme un chaman et qu'il y a des énergies. Il faut y aller avec une attitude d'humilité et de gratitude parce que l'on sait que l'on obtiendra ce que l'on demande. C'est là que vous faites votre méditation et vos visualisations.

Je pense que la nature est le meilleur endroit pour méditer. Une forêt sur une montagne est un excellent endroit. J'avoue que j'ai une prédilection particulière pour les méditations en hauteur, mais au milieu d'une forêt, c'est aussi valable. Si vous allez dans une forêt en pleine nature et que vous méditez, vous remarquerez rapidement l'infinité de sons de toutes sortes. Il faut arrêter de se concentrer sur eux, oublier tout cela et se concentrer sur le néant, le vide. Concentrez-vous sur le putain de pouvoir, demandez et il vous sera donné.

La musique du pouvoir.

Pour intérioriser l'essence musicale contenue dans une chanson et se connecter avec le Fucking power que nous avons à faire :

- Écoutez la musique puissante et épique que nous aimons.

- Augmentez le volume pour ne pas manquer les nuances de la musique.
- Fermez les yeux.
- Entrez dans un état de relaxation totale.
- Écoutez attentivement la chanson.
- Visualisez les images qui nous viennent à l'esprit lorsque nous entendons cela.

- Ressentir les sensations qui nous viennent.

- Concentrez-vous sur cette chanson, sur ces sensations, sur ces images et laissez votre esprit s'envoler où il veut.

- Utilisez cet état de relaxation pour vous connecter à notre putain de pouvoir grâce à l'énergie transmise par la musique.

- Sentir la puissance, la putain de puissance.

La nature de la réalité.

Tout ce qui est matérialisé est une création mentale de quelqu'un. Étant une création mentale, toute la réalité n'est rien d'autre que de l'esprit. Notre esprit est une petite partie de cet esprit universel. Grâce à notre petit esprit, nous pouvons nous aussi apporter de petites modifications à cette réalité apparente, car ce qui est en haut est en bas. Ainsi, grâce au pouvoir de notre esprit, nous pouvons faire apparaître des choses, des événements, des coïncidences, des synchronicités qui n'auraient jamais pu se produire. Tout est une question de foi, de volonté, de croyance que vous avez le pouvoir de changer les choses. Ce putain de pouvoir veut se manifester.

Mission divine.

Ce que tu veux réaliser, devenir un grand séducteur, ne vient pas seulement de toi, il vient d'en haut. C'est ainsi que le créateur éprouve la joie de vivre à travers sa création, c'est-à-dire toi. Donc, si tu ressens ce désir, c'est que Dieu le veut, donc c'est une mission divine qui t'a été confiée, comme la mienne m'a été confiée.

Ne faites qu'un avec le putain de pouvoir et obtenez tout ce que vous voulez.

Vous êtes un acteur, un créateur, manifestez votre pouvoir.

C'est la fin du livre mon ami, j'espère que tu développeras parfaitement ton pouvoir de baiser et qu'il te guidera toujours vers la victoire.

Jouons !

Did you love *Comment matérialiser ce que vous désirez avec le Fxxxxxx power*? Then you should read *Comprendre les Femmes*[1] by John Danen!

[2]

Dans ce livre, je vais vous dire ce que les femmes pensent vraiment … Nous avons toujours voulu comprendre les femmes et nous pensions que ce n'était pas possible. Eh bien, non seulement c'est possible, mais la façon dont ils pensent et se comportent est tout à fait évidente. Découvrez-le ici.

---

1. https://books2read.com/u/4D6JjD

2. https://books2read.com/u/4D6JjD

Also by John Danen

Seduction 5.0

S.A.X.

Chicas complicadas

Seducción 5.0

El libro del tonto

Macho Alpha

Macho alpha extracto

La seducción después de la pandemia

Terriblemente atractivo

Seducción 5.1

Sedução 5.1

How to be Cool and Attractive

Sedução. Avançada. X.

Garotas complicadas

¡Basta de ser buen chico! Sé un chico malo.

El método JD. El método de seducción de John Danen

El arte de agradarte a ti mismo

¡Basta ya de abusos! ¡Defiéndete!

Enought with the abuse! Defend yourself!

Máster en seducción

Las mujeres. El amor. Y el sexo.

Supera la dependencia emocional

Atrae mujeres con masculinidad

JD Absoluta seducción

El fracaso del amor

Entender a las mujeres

La vida del seductor sinvergüenza y encantador.

El arte de la dureza

Terrivelmente atraente

Deixe de ser um bom da fita! Seja um mauzão.

Superar a dependência emocional

A arte de se agradar

Pare o abuso! Defenda-se!

O fracasso do amor.

O método JD

Don´t Be a Good Boy! Be a Badass

Complicated girls

The Art of Pleasing Yourself

Duro y Sinvergüenza

Mestre en sedução

JD Method

The Failure of Love. The Trap of Serious Relationships

Master in Seduction

A. S. X. Advanced. Seduction. X

Women. Love. Sex

How to Become a Real Man. Be an Alpha Male

Attract Women with Masculinity

JD Absolut Seductión

Understanding Women

The Life of the Shameless and Charming Seducer.

The Art of Toughness

Tough and Shameless

Überwindung der Emotionalen Abhängigkeit

Maître en séduction

Schrecklich Attraktiv

Surmonter la Dépendance Émotionnelle

L'art de la dureté

Die Kunst der Zähigkeit

Hör auf, ein guter Junge zu sein, sei ein böser Junge
Assez D'être un Bon Garçon ! Sois un Mauvais Garçon.
Die Kunst, sich Selbst zu Gefallen
Dur et sans Vergogne
Hart im Nehmen und Schamlos
L'art de se Plaire à soi-Même
Das Scheitern der Liebe
L'échec de L'amour.
Meister der Verführung
Die JD-Methode
Maestro di Seduzione
Terriblement Attrayant
La Méthode JD
Capire le donne
Compreendendo as Mulheres
Comprendre les Femmes
Die Frauen Verstehen
Les Filles Compliquées
Komplizierte Mädchen
JD Séduction Absolue
La Vie du Séducteur Charmant et sans Vergogne
Les Femmes. L'amour. Et le Sexe.
Mâle Alpha
S.A.X.
V.F.X.
Donne. Amore. E il sesso.
Ragazze Complicate
Superare la Dipendenza Emotiva
Seduzione. Avanzata. X.
Dark Seducción
Il Fallimento Dell'amore.
Il Metodo JD
Alphamännchen

Atrair Mulheres com Masculinidade
Attirare le donne con la Mascolinità
Attirer les Femmes par la Masculinité
Mit Männlichkeit Frauen Anziehen
Frauen. Liebe. Und Sex.
L'arte di Piacere a se Stessi
Mulheres. Amor. E Sexo.
JD Seduzione Assoluta
JD Absolute Verführung
JD Sedução Absoluta
Das Leben des charmanten, schamlosen Verführers
Smettila di Fare il Bravo Ragazzo! Essere un Cattivo Ragazzo.
La Vita del Seduttore Affascinante e Spudorato
A Vida do Sedutor Encantador e sem Vergonha
Macho Alfa
Uomo Alfa
Séduction 5.0
Verführung 5.0
Seduzione 5.0
Duro e Senza Vergogna
Duro e Sem Vergonha
L'arte della Durezza
A Arte da Dureza
The Fool's Book
Das Buch der Dummköpfe
Il Libro dei Pazzi
O Livro do Tolo
Dark Seduction
Dunkle Verführung
Sedução Escura
Dark Seduction
Seduzione Oscura
Le livre du fou

Como materializar lo que deseas con el fxxxxxx power

Como materializar o que você quer com o Fxxxxxx Power

El ángel Sex-terminador

El seductor vampiro

O Vampiro Sedutor

Sex-Terminating Angel

The Vampire Seducer

How to Materialize What You Want With The Fxxxxxx Power

El camino del maestro

Il vampiro seduttore

O camiño do mestre

La via del maestro

Der verführerische Vampir

Le sedusant vampire

Der Weg des Meisters

La voie du maître de la séduction

Master's Path

Come materializzare ciò che si desidera con il Fxxxxxx Power

Wie Sie Ihre Wünsche verwirklichen können mit dem Fxxxxxx Power

El método EDP

O método EDP

The E.D.P. Method

Comment matérialiser ce que vous désirez avec le Fxxxxxx power

About the Author

Español.

Soy un hombre vividor y divertido que busca el lado bueno de las cosas siempre.

Mi experiencia es el campo de las relaciones personales y de la seducción. Por eso tras dedicarme larguísimas décadas a ello, quiero trasmitir mis conocimientos. Para que las nuevas generaciones tengan unos conceptos que les den una ventaja competitiva sostenible y poderosa en el campo del amor.

Quiero ayudarte a a conseguir tus metas.

Portugués.

Sou um homem animado, e divertido, que sempre procura o lado bom das coisas.

Minha experiência está no campo das relações pessoais e da sedução. É por isso que, após décadas de dedicação a ela, quero transmitir meus conhecimentos.

Quero ajudá-los a alcançar seus objetivos.

Inglés

I am a lively and fun man, who always looks for the good side of things.

My experience is in the field of personal relationships and seduction. That is why, after decades of dedicating myself to it, I want to pass on my knowledge. So that the new generations have concepts that give them a sustainable and powerful competitive advantage in the field of love.

I want to help you achieve your goals

Français Je suis un homme vif et drôle qui cherche toujours le bon côté des choses.

Mon expérience se situe dans le domaine des relations personnelles et de la séduction. C'est pourquoi, après m'y être consacré pendant des décennies, je veux transmettre mes connaissances. Pour que les nouvelles générations disposent de concepts qui leur donnent un avantage concurrentiel durable et puissant dans le domaine de l'amour.

Je veux vous aider à atteindre vos objectifs.